IAM-Bernet Studie

Journalisten im Web 2015

IAM-Bernet Studie Journalisten im Web 2015

RECHERCHIEREN, PUBLIZIEREN, DISKUTIEREN: AUSGEWÄHLTE EINBLICKE IN DEN SOCIAL-MEDIA-ALLTAG VON SCHWEIZER JOURNALISTEN

IRÈNE MESSERLI, DOMINIK ALLEMANN, GUIDO KEEL (HERAUSGEBER)

buch & netz • Zürich

Verlag: buch & netz, Zürich, http://buchundnetz.com

Version 1.1 – 20150423

ISBN 978-3-03805-037-7 (Print)
ISBN 978-3-03805-166-4 (PDF)
ISBN 978-3-03805-167-1 (ePub)
ISBN 978-3-03805-168-8 (mobi / Kindle)

Umschlaggestaltung: Gerda Müller

Dieses Werk ist als buch & netz Online-Buch und als eBook in verschiedenen Formaten verfügbar. Weitere Informationen sowie den Blog zum Buch finden Sie unter der URL:

http://buchundnetz.com/werke/iam-bernet-studie-journalisten-im-web-2015

Inhalt

Portraits

Einleitung

Über ein Jahrzehnt lang haben wir von Bernet-PR und dem IAM versucht, Antworten auf die Frage zu erhalten, welche Rolle das Internet für Schweizer Journalisten spielt. Dazu haben wir jeweils aufgrund der Antworten von einigen hundert Journalistinnen und Journalisten beschrieben, wie diese das Internet für die verschiedenen Arbeitsschritte einsetzen, und wie sie den Nutzen des World Wide Web und seine Anwendungen einschätzen.

Der Schwerpunkt des Interesses hat sich parallel zur Entwicklung des Internets über die letzten gut zehn Jahre verschoben. Das Internet ist zum alltäglichen, omnipräsenten Arbeitsinstrument geworden und dialogische Anwendungen werden vermehrt genutzt. Hier haben Journalisten in den letzten Jahren neue Einsatzmöglichkeiten ausprobiert, verfeinert, verworfen oder etabliert. Medienschaffende auf der einen und die Unternehmenskommunikation auf der anderen Seite stecken allerdings noch mitten im Entdeckungs- und Findungsprozess.

In dieser aktuellen Studie interessieren wir uns für die Entwicklung neuer Umgangsformen und Einsatzmöglichkeiten von Webanwendungen für Journalisten, insbesondere auf Social-Media-Plattformen. Wir interessieren uns weniger für ein grobes Gesamtbild, das uns lediglich bestätigen würde, dass Social Media eine gewisse Verbreitung haben.

Vielmehr wollen wir neue Formen sowie redaktions- und ressortübergreifend neue Muster der Nutzung im Detail kennenlernen. Deshalb haben wir für die aktuelle Studie auf eine flächendeckende Befragung der Journalistinnen und Journalisten verzichtet. Stattdessen haben wir mit rund zwanzig Journalistinnen und Journalisten aus verschiedenen Redaktionen der Deutschschweiz darüber gesprochen, wie sie Social Media in ihrem Arbeitsalltag nutzen, entlang der vier Dimensionen Recherchieren, Publizieren, Diskutieren und Organisieren. Entstanden sind zwanzig Portraits von Deutschschweizer Journalistinnen und Journalisten, die in loser Reihe auf bernetblog.ch veröffentlich wurden und werden.

In diesem Bericht versuchen wir, über die rund zwanzig Gespräche hinweg ein Fazit zu ziehen, mit konkreten Empfehlungen für Medienschaffende und Kommunikations-Profis. Diese Studie zeichnet bewusst kein repräsentatives Bild der Social-Media-Nutzung bei Schweizer Journalisten. Vielmehr beschreibt sie anhand der Portraits die Bedeutung von Social Media im heutigen Journalismus.

Wir sehen in diesem qualitativen Einblick in die journalistische Praxis eine wertvolle Ergänzung zu den zahlreichen quantitativen Studien. Sie beschreibt aktuell einen sehr dynamischen Aspekt des journalistischen Berufsfelds und liefert so an bestehende Studien anknüpfende, systematisch erhobene und damit wissenschaftlichen Ansprüchen genügende Erkenntnisse, die zur Reflexion über die eigene Tätigkeit in Journalismus und Public Relations einlädt.

Studie

Social Media im Alltag

ERKENNTNISSE FÜR JOURNALISTEN UND PR-PROFIS

Die Gespräche mit rund zwanzig Journalistinnen und Journalisten haben gezeigt, dass man noch kaum von einem etablierten Umgang und von Routine im Umgang mit Social Media sprechen kann. Man befindet sich noch in der Experimentierphase, wobei sich für Einzelpersonen bestimmte erste Anwendungen als zielführend erwiesen haben, während bei anderen eine starke Skepsis festzustellen ist.

Aus den Gesprächen leiten wir Schlüsselerkenntnisse ab – zum einen für Journalisten, die von ihren Kollegen lernen oder sich inspirieren lassen, zum anderen für PR-Schaffende: Sie müssen sich der im Wandel begriffenen Kommunikationswelt mit neuen Handlungsweisen in den Medien anpassen, können aber neue Wege zur Interaktion nutzen.

Erkenntnisse für Journalisten

Strategischer Entscheid: Selbstpositionierung oder Positionierung der Redaktion?

Journalisten verfolgen grundsätzlich zwei Strategien, wenn es um eigene Publikationen auf Social Media geht: Entweder tragen sie zu einem redaktionellen Angebot bei und sind Teil einer Marke auf Social Media, an der mehrere Autoren mitarbeiten. Oder aber sie positionieren sich, neben ihrer redaktionellen Arbeit im Stammmedium, bewusst eigenständig und bauen so parallel zu ihrem Medium eine neue Marke auf: die des Ich-Journalisten. Journalisten sollten diesbezüglich eine klare Strategie zu verfolgen. Dazu gilt es abzuklären, was die Stamm-Redaktion vorgibt und erwartet und welche Freiheiten sie innerhalb dieses Rahmens lässt.

Recherche: Schlüssel-Twitterer und relevante Communities für eigene Themen aufbauen.

Social Media, insbesondere Twitter, bieten einen Überfluss an Informationen. Einen echten Mehrwert liefert eine gut sortierte Selektion. Hilfsprogramme können dabei helfen, Social-Media-Quellen zu strukturieren. Auf Facebook können thematische Communities den Journalisten bei der Arbeit unterstützen, ihm Feedback geben oder ihn auf relevante Informationen aufmerksam machen. Solche Communities müssen aber thematisch definiert sowie über längere Zeit aufgebaut und gepflegt werden.

Als Fachjournalist: Überlegen, ob sich der Aufbau einer eigenen Community lohnt.

Für Fachjournalisten mit klarem thematischem Fokus ist es noch lohnender als für Journalisten mit breitem Themenfokus, eine eigene Themen-Community aufzubauen.

Publizieren: Welche Stories sind relevant für bestimmte Communities? Welche Stories eröffnen Dialog-Potenzial und können sinnvoll kanalgerecht angelegt werden?
Für die Nutzung von Social Media bestehen immer deutlichere Erwartungen von Seiten der Nutzer: Hier liest man offenbar gerne leichtere, persönliche Geschichten, die zudem individuelle Haltungen und Meinungen ansprechen und somit auch über Dialog-Potenzial verfügen. Für jede Geschichte gilt es zu prüfen, ob sie thematisch in einer bestimmten, bereits existierenden Community auf Aufmerksamkeit stossen könnte. Diese Stories sind dann in den entsprechenden Communities zu streuen.

Ereignisbezogene Versuche
Social-Media-Aktionen sind in einem beschränkten Rahmen testen, z.B. Wahlen, Fussball-WM (siehe Landbote Twitter-Ticker vom Parlament). Wichtig: Es müssen Ereignisse sein, bei denen man eine individuelle relevante Informationsfunktion übernehmen kann. Nicht gefragt sind Me-too-Aktionen.
Oft lohnt es sich, Social-Media-Experimente thematisch und zeitlich begrenzt durchzuführen, um erste Erfahrungen zu sammeln. Hier ist es sinnvoll zu prüfen, für welches Ereignis oder welchen Anlass das eigene Medium oder die eigene Person aufgrund ihrer Nähe als Diskussionsplattform agieren könnte.

Transparenz als Grundlage für den Dialog
Die Grundlage für einen Social-Media-gerechten Dialog wird geschaffen, indem die Möglichkeiten und die Erwartungen an das Publikum transparent werden, und klar ist, welche Versprechen bezüglich einer Partizipation dann auch wirklich eingelöst werden können. Wenn man

journalistische Aktivitäten auf Social Media plant, seien sie kurzfristig und experimentell oder auf Dauer angelegt, sollte bei Projektstart klar sein, welche Ressourcen und welches Know-how zur Verfügung steht, um auf den allenfalls entstehenden Dialog einzugehen.

Erkenntnisse für PR-/Medienleute

Strategie: Einbezug der Medien in die Social-Media-Strategie

Medienschaffende nutzen Social Media als Inspirationsquelle für neue Geschichten. Diesem Umstand ist bei Konzept und Planung von Social-Media-Aktivitäten Rechnung zu tragen. Auf die Bedürfnisse der Medienschaffenden (Kürze, Relevanz) muss in der Content-Strategie und bei der Pflege des Redaktionsplanes für Social Media eingegangen werden: Die Schärfung der Inhalte bringt Relevanz und schafft damit Aufmerksamkeit bei einem kritischen Publikum.

Kanäle: Aufbau von Twitter und Facebook für die Medienarbeit

Für journalistische Zwecke sind Twitter und Facebook die relevanten Kanäle. Auch wenn das Unternehmen noch zurückhaltend ist beim Einsatz von Social Media: Die starke Nutzung von Twitter bei Medienschaffenden ist Argument genug für den Einsatz im Rahmen der Online-Medienarbeit.

Newsroom: Aktuelle, relevante, mediengerechte Informationen auf der Website

Neben den Social-Media-Kanälen schätzen Medienschaffende Informations-Angebote auf der Unternehmens-Website wie: Mediencorner, Downloads von Publikationen, Glossars, Faktenblätter, Archive und vieles mehr. Die Kontaktangaben der Medienstelle und von Schlüsselpersonen im Management können mit Social-Media-Koordinaten angereichert werden, beispielsweise mit Twitter- oder Linkedin-Profilen.

Eine gut gepflegte Website mit aktuellen und mediengerecht aufgearbeitetem Text- und Bildmaterial ist die Basis für jede Online-Medienarbeit.

Communiqué: Erweiterung mit Hashtags, Links, Kurzzitaten
Journalisten ergänzen ihre Recherche mit Aussagen aus dem Social Web. Dies ist bei der Gestaltung von Medienmitteilungen zu berücksichtigen. Diese können mit griffigen Kurzaussagen in Tweet-Länge erweitert werden. Sie eignen sich fürs Zitieren im Lauftext, aber auch auf den Plattformen. Links zu Bild- und Videomaterial und #Hashtags dienen den Journalisten zur Recherche und haben gar Chance, online publiziert zu werden.

News-Versand: Einbezug von Twitter und Business-Netzwerken
Beim Versand von News sind die Social-Media-Kanäle konsequent zu bedienen: vor allem Twitter, aber auch Business-Netzwerke wie LinkedIn oder Xing. Dies eignet sich übrigens auch für Inhalte, die nicht unbedingt Muss-Themen sind und via diese Kanäle auch ohne Communiqué zu den Medien finden. Auf Social Media suchen die Journalisten ebenso neue, unbekannte Stimmen bzw. Infos oder kuriose, kleine Geschichten.

Dialog: Bewusste Kontaktpflege mit Medienschaffenden via Twitter
Twitter-Austausch zwischen Journalisten und Schlüsselpersonen aus dem Unternehmen bringen beidseitig Verständnis und Nähe. Damit ist auch Interessantes zu erfahren zu Themenschwerpunkten und Interessen, das Netzwerk lässt sich erweitern und Kontakte zu interessanten Medienschaffenden herstellen. Natürlich bedarf es beim direkten Anschreiben und Erwähnen sowie im Twitter-Dialog einer gewissen Sensibilität. Diese kann bei einer Schulung rund um die Guidelines gepflegt werden. Sodann ist im Monitoring und in der Evaluation der Social-

Media-Aktivitäten zu prüfen, inwiefern diese Ansprüche eingehalten wurden.

Klare Guidelines: Interne Sensibilisierung und Schulung

Die Mitarbeitenden aller Hierarchiestufen sollten die Social Media Guidelines und die Prozesse und Zuständigkeiten der Kommunikations- und Medienarbeit kennen. Alle Mitarbeitenden – im Speziellen Schlüsselpersonen – müssen geschult, sensibilisiert und motiviert werden für den Umgang mit Medienschaffenden und Meinungsmachern im Social Web.

Erkenntnisse aus den Gesprächen

Alle zwanzig Befragten sind überzeugt, dass Social Media ihre Arbeit verändert haben. Auch die Minderheit, die Social Media kaum oder gar nicht aktiv nutzt, sieht den Einfluss, den Social Media auf den Journalismus haben. So meint eine Lokalradioredaktorin: «Als ich angefangen habe, ging ich mit meinem Aufnahmegerät an eine Pressekonferenz und schnitt danach für die Abendsendung einen Beitrag. Der Beitrag erschien vor allen anderen Medien. Seit es die Sozialen Medien gibt, ist das Radio als schnellstes Medium in Frage gestellt.»

Fokus auf Twitter und Facebook

Wer über den Einfluss von Social Media auf den Journalismus und die eigene Tätigkeit spricht, meint damit in erster Linie Twitter und Facebook. Diese beiden Plattformen stellen für die befragten Jouralistinnen und Journalisten, mit unterschiedlichen Funktionen, den Kern des Social-Media-Universums dar.

Twitter ist in den Augen der Befragten gut für journalistische Zwecke geeignet, weil sich dort schnell Communities um bestimmte Themen bilden. Allerdings bezweifeln einige der Befragten, ob wirklich eine repräsentative Anzahl von Personen twittert, so dass sich ein stimmiges Bild ergibt, oder ob es vielmehr wenige Selbstdarsteller sind, welche die Diskurse auf Twitter prägen. Eine weitere Eigenschaft von Twitter, die diesen Kanal für Journalisten nützlich macht, ist die Schnelligkeit. So sind News nach Ansicht mehrerer Journalisten zuerst auf Twitter auffindbar.

Auf Facebook werden einerseits einzelne Artikel publiziert, und zwar parallel zur Publikation auf der eigenen Website. Zum andern baut man sich hier eine feste Community auf oder greift auf bestehende Communities zurück. Diese wachsen in den Augen der Befragten im Vergleich zu Twitter-Communities langsamer, sind dafür aber beständiger.

Andere Plattformen werden punktuell genutzt. So war in den Gesprächen weiter die Rede von Blogs, YouTube, Flickr, LinkedIn und Xing, Instagram, Pinterest, Jou und Path. Zudem werden Anwendungen eingesetzt, die das Bewirtschaften von Social-Media-Plattformen vereinfachen (Tweetdeck) oder die Archivierung und Strukturierung von Posts ermöglichen (Storify). Twitter und Facebook bilden aber weiterhin die Basis für Journalisten in der Welt der Social Media.

Widersprüche zeigen sich bei der Frage nach dem Potenzial einzelner Plattformen. Es wird deutlich, dass sich die Qualität einer Plattform nicht auf die Schnelle bestimmen lässt. Die Qualität einer Plattform hängt alleine von der Anzahl und vor allem der Qualität der Kontakte im eigenen Netzwerk ab. Ein Befragter fügt hinzu: «Ich kann den Nutzen der Plattformen nicht klar beschreiben. Es bestimmen die Qualität, die Verlässlichkeit und die Relevanz der Inhalte. Das muss man auch bei Blogs immer wieder merken: Obwohl ein Blog eine gewisse Reichweite hat, kann er für ein bestimmtes Thema völlig irrelevant sein.»

Schneller, virtueller, publikumsorientierter

Social Media haben den Journalismus verändert. Konkret beschreiben die meisten Befragten, dass diese Kanäle den Journalismus weiter beschleunigt haben. Ein Agentur-Journalist beschreibt das folgendermassen: «Der Druck, der Erste zu sein, der sich zu einem Ereignis äussert, ist noch grösser geworden. Manche wollen bereits zwei Minuten nach einem Ereignis mit einer Analyse zur Stelle sein.»

Zweitens verschieben sich Dinge aus der realen in die virtuelle Welt. Das Öffentliche, der 'Stammtisch', findet nun im Web statt und hat dadurch eine potenziell höhere Reichweite als die bisherigen Offline-Netzwerke. Das hat Konsequenzen für Journalisten, die so Zugang zu unzähligen halbprivaten Konversationen erhalten.

Drittens stellen die Befragten eine Relevanzverschiebung fest: Einige Befragte denken, dass sie dank Social Media besser erkennen, was den Leuten unter den Nägeln brennt. Einer erklärt dazu: «Beispielsweise sieht man anhand von Social Media, dass sich die Menschen stark für Themen rund ums Essen interessieren, oder für das Thema Sozialkosten.» Ein Befragter weist in diesem Zusammenhang auf eine Gefahr hin: «Journalisten laufen Gefahr, Aufmerksamkeit mit Relevanz zu verwechseln.» Demnach sind die Hypes und Storms um und auf Social Media kein aussagekräftiger Indikator für das öffentliche Interesse und schon gar nicht für die gesellschaftliche Relevanz eines Themas.

Aktivitäten

Praktisch alle Befragten nutzen Social Media zumindest passiv. Sie verfolgen auf Online-Plattformen, was die Hörer oder Leser diskutieren, was sie interessiert und was sie interessieren könnte. Dazu verfolgen die Journalistinnen und Journalisten ausgewählte Quellen und Akteure. Vor allem mit Twitter betreiben die Journalisten so ein Monitoring der von ihnen selbst als relevant definierten Menschen, um dort an Themen, Bilder und Meinungsäusserungen zu gelangen.

Mit eigenen Beiträgen halten sich die meisten Befragten aber eher zurück. Während man als Journalist die Kommunikatorrolle innehat, die Informationen und Einschätzungen aussendet, ist man auf Social Media eher in der zuhörenden Rolle. Man recherchiert, indem man beobachtet, was sich in der Social-Media-Welt tut. Die eigene Publikationstätigkeit beschränkt sich oft auf die Beantwortung von Fragen aus dem Publikum. Auf den Austausch mit dem Publikum wird in Kapitel 6 noch ausführlicher eingegangen.

Recherchieren, publizieren, diskutieren – auf diese journalistischen Tätigkeiten lassen sich die Aktivitäten der Befragten im Social Web zusammenfassen. Nachfolgend beschreiben wir entlang dieser Tätigkeiten, wie Journalisten mit Social Media umgehen.

Recherche

TÜRÖFFNER, SEISMOGRAPH, THEMENLIEFERANT

Die Social Media haben die Recherche nicht grundlegend verändert, da sind sich die Befragten weitgehend einig. Social Media sind einfach ein zusätzlicher Kanal, der aber die Recherche, von der Themenfindung bis zur Verfizierung von Gerüchten, beeinflusst.

Die journalistische Recherche beginnt mit der Themensuche. Auf Twitter entdecken Journalistinnen und Journalisten Geschichten, von denen sie ohne Social Media nicht erfahren hätten, denn, wie ein Befragter meint: «Mein Offline-Netzwerk ist nie so gross wie auf Social Media.» Wie findet man die Geschichten? Man folgt Leuten, die man als wichtig für die eigene Zielgruppe und das eigene Profil erachtet. Meist sind das Politiker, Parteien, Sportler.

Auf Twitter und Facebook findet man zudem die Leute, Experten oder Betroffene, die man näher befragen kann. Auf Social Media lässt sich erkennen, wer zu einem bestimmten Thema eine Autorität und etwas zu sagen hat.

Twitter ist in den Augen einer Befragten ein Türöffner, wenn man auf Leute zugehen will, zu denen man keinen etablierten Kontakt hat. Hier bekommt man sehr schnell Reaktionen auf Ereignisse, zum Beispiel aus der Politik, die sich 1:1 verwenden lassen.

Social Media können auch als einfacher Kommunikationskanal für den Austausch mit journalistischen Kollegen dienen, vor allem auch international: «Es ist viel einfacher, einen Journalisten in Südamerika via Twitter zu finden und zu kontaktieren als über die Telefonzentrale.» Teilweise findet sogar die Kommunikation mit Kollegen aus der eigenen Redaktion via Social Media statt, anstelle von E-Mail – weil offenbar Journalisten so besser zu erreichen sind.

Auch Medienmonitoring findet zunehmend via Twitter statt. Journalisten machen dort Quellen ausfindig und erkennen deren Bedeutung. Auch helfen die neuen Kanäle, mehr über Menschen zu erfahren, über die man noch nichts weiss.

Jedoch eignen sich Twitter und andere Social-Media-Plattformen in den Augen der Befragten nicht zum vertieften Verständnis eines Themas. Hier kann aber eine Google-Recherche weiterhelfen oder der 'traditionelle' Weg via Telefonanrufe und Gespräche.

In den Aussagen der Befragten zeigt sich eine Diskrepanz, was die Effizienz der Social Media für die Recherche betrifft: Eine Haltung ist die, dass Social Media die Recherche beschleunigen und effizienter machen, weil man schneller Kontakte mit unterschiedlichen Personen knüpfen kann. In den Worten der Befragten kommt das verschiedentlich zum Ausdruck: «Der Weg zu Experten ist kürzer geworden.» Oder auch: «Die Welt ist kleiner geworden.»

Andere Befragten sehen jedoch den Nachteil der immensen Datenmenge: Social Media sind reine Zeitverschwendung, weil unglaublich ineffizient. «Die wertvollen Inseln sind gut versteckt in einem unendlichen Meer an Belanglosigkeiten», so ein Befragter.

Um in diesem Überfluss eine effiziente und sinnvolle Selektion vornehmen zu können, legen Journalisten Wert auf die Pflege der Kontakte und die systematische Bewirtschaftung des Twitter-Accounts, und zwar mit thematischen Listen oder Social-Media-Verwaltungs-Anwendungen wie Tweetdeck. Darin liegt die eigentliche Herausforderung im journalistischen Umgang mit Social Media: Die Selektion und die Organisation der Nutzung. Doch trotz guter Organisation und Online-Hilfsmittel zur Strukturierung der Social Media gemäss eigener Bedürfnisse meint ein Befragter: «Es hat auch mit Glück und Zufall zu tun, was man gerade findet.» Wobei sich das 'Was' meist auf Texte bezieht – von geringerer Bedeutung sind Bilder. Andere Formate werden nicht genannt.

Die Recherche mit Social Media hat eine Auswirkung auf die journalistischen Produkte: Weil man Zugriff auf mehr Quellen hat, entsteht in den Augen der Befragten eine grössere Vielfalt, vor allem durch die Berücksichtigung einer grösseren Zahl an unterschiedlichen Stimmen zu einem Thema. Zudem gestaltet sich die Recherche schneller, nicht zuletzt, weil der Zeitdruck durch Social Media grösser geworden ist. Bei vielen Ereignissen sind die News zuerst auf Social Media, bevor sie in den traditionellen Medien verbreitet werden. Die Aufgabe der Journalisten und vor allem der Agenturen verändert sich entsprechend: weg vom Überbringer der aktuellen Information hin zum Überprüfen von Gerüchten und News-Meldungen in den Social Media.

Publizieren

NEUE ABLÄUFE, GRÖSSERE REICHWEITE, WENIG REGELN

Social-Media-Plattformen werden von Redaktionen, aber auch von individuellen Journalistinnen und Journalisten genutzt, um über einen weiteren Kanal zu verfügen, um damit das gleiche Publikum mit anderen Angeboten oder ein anderes Publikum zu erreichen, um so die Beachtung in der Öffentlichkeit zu steigern.

Die befragten Journalistinnen und Journalisten sind in dieser Hinsicht noch zurückhaltend. «Ganz selten poste ich eine Buchempfehlung», meint eine Kulturredaktorin, und ein Sonntagszeitungs-Redaktor erklärt zu seinem Medientyp: «Die Sonntagszeitung ist ein klassisches Medium, da ist mit Social Media nicht viel Neues dazugekommen.»

Die Initiative für Publikationen kann sowohl von Redaktionen wie auch von Individuen ausgehen. Die Befragten äussern sich jedoch eher kritisch zu top-down-verordneten Social-Media-Aktionen. Immer wieder wird die Ansicht geteilt, dass man selbst ein Interesse und ein Gespür dafür entwickeln muss. Entsprechend haben auch mehrere Befragte Erfahrung mit Initiativen auf Redaktionsebene, die recht schnell und unspektakulär im Sande verliefen.

Mehrmals wurden von den Befragten medienkonvergente Aktionen beschrieben: Beispielsweise werden Geschichten im Print lanciert, um dann online fortgesetzt und vertieft zu werden. Social Media haben so eine Anteaser-Funktion für die Angebote des eigentlichen Stamm-Mediums. Dies geschieht jedoch oft auch auf der eigenen Website, auf der nach wie vor stärker publiziert wird als auf Social Media. Social Media werden eher dann eingesetzt, wenn eine grössere Interaktivität angestrebt wird. Zu diesem Zweck veröffentlicht man beispielsweise eigene Artikel und fragt anschliessend gezielt nach Feedback.

Insgesamt verhalten sich Medienhäuser also eher noch zögerlich, wenn es um das Publizieren auf Social Media geht. Dem steht ein interessantes Projekt gegenüber, das von einem Lokalredaktor beschrieben wird: Man setzt Twitter projektbezogen für besondere Ereignisse ein, wie wichtige parlamentarische Debatten, die so aktuell und unkompliziert im Sinn eines Live-Tickers an Interessierte vermittelt werden.

Neben der Verbreitung von Inhalten des Stamm-Mediums nutzen Journalisten Social Media vereinzelt auch, um eine eigene Marke im Social Web aufzubauen. Zu diesem Zweck verbreiten sie nicht nur ihre eigenen journalistischen Beiträge, sondern versuchen, sich im Social Web als Informationsknotenpunkt für ihre Fachgebiete zu positionieren: Dazu ein Auslandkorrespondent: «Ich twittere Dinge, die ich sehe und interessant finde. Meistens sind das nicht eigene Inhalte, sondern Verweise auf andere.»

Regeln beim Publizieren

Die Auftritte auf Social Media können aufgrund der spontanen und subjektiven Kommunikationskultur auf diesen Plattformen problematisch sein: Unbedachte Äusserungen können ein schlechtes Licht auf eine Redaktion oder ein Medienhaus werfen. Deshalb wurden die Befragten nach Richtlinien, Leitlinien oder ähnlichem im Zusammenhang mit den Social-Media-Aktivitäten in ihrem Haus befragt. Die häufigste Antwort dabei war: «Es gibt Richtlinien, aber ich kenne sie nicht.» Dies wurde oft ergänzt durch den Hinweis, man müsse eben gesunden Menschenverstand einsetzen. Als problematisch wurden politische Positionierungen und private Bilder genannt. Zudem war man sich einig, dass via Social Media keine Interna veröffentlicht oder zur Diskussion gestellt werden sollten.

Was die Trennung von Privatem und Redaktionellem betrifft, gehen die Haltungen der Medienhäuser und auch die individuellen Meinungen offenbar auseinander. Ein Teil der Befragten meinte, private Meinungen müssten als solche gekennzeichnet sein, oder man habe zwei Accounts, einen für das Private und einen für das Redaktionelle.

Eine Minderheit fand aber, dass sich diese Trennung eh nicht aufrechterhalten liesse, weshalb es die Chefredaktion inzwischen auch erlaube, private und redaktionelle Inhalte zu vermischen, im Wissen, dass eine zu organisational gesteuerte Kommunikation den Erwartungen an Social-Media-Kommunikation nicht gerecht wird.

Was findet Aufmerksamkeit?

Was schliesslich beim Publikum auf Interesse stösst, ist für die meisten Befragten schwer vorherzusagen. «Manchmal ist es sehr überraschend, was gerade die grosse Aufmerksamkeit auslöst. Es sind einzelne

Geschichten, die gut laufen: emotionale, kuriose, mit Lokalbezug, Aufregerthemen, Sex oder kontroverse persönliche Meinungen.» Es scheine aber oft Zufall zu sein, was gerade die Aufmerksamkeit des Publikums zu gewinnen vermöge. Wichtig ist, wie für Social Media zu erwarten, die Interaktionsmöglichkeit fürs Publikum. Wo das Publikum sinnvoll einbezogen werden kann, steigt auch das Interesse.

Und schliesslich funktionieren die Geschichten, mit denen man eine schon bestehende Community anspricht. Wie es ein Befragter beschreibt: «Wenn man zum Beispiel eine Story über Rock-n-Roll hat und dann das jemand von einem Rock-n-Roll-Club selbst weiterverbreitet, steigen die Klicks enorm.»

Im Gegensatz dazu finden abstraktere Themen ohne persönliche Betroffenheit oder zu detaillierte Berichte kaum Resonanz. «Deshalb lohnen sich auch die grossen Recherchestücke für Social Media nicht», so ein Befragter. Was weiterhin gar nicht ankomme, seien reine Selbstdarstellungen von Journalisten und / oder Redaktionen.

Die befragten Journalistinnen und Journalisten haben den Eindruck, mit Inhalten auf Social Media ein Publikum ausserhalb der angestammten Zielgruppe zu erreichen. Es handelt sich dabei um ein eher jüngeres, eher männliches und / oder ein jeweils thematisch interessiertes Publikum.

Daneben erarbeitet man sich als Redaktion oder als individueller Journalist auf Social Media auch ein persönliches Netzwerk, das man gezielt anspricht und für eigene Zwecke einsetzen kann. So hat zum Beispiel eine Journalistin aktiv und über längere Zeit systematisch eine Community auf Facebook aufgebaut, die sie seither mit ihren Artikeln erreicht, und die sie zugleich zur Recherche heranziehen kann.

Publikumsdialog

MEHR INPUT, FEEDBACK, AUSTAUSCH

Es scheint eine gewisse Einigkeit darin zu bestehen, dass es im Gegensatz zu den Anfängen von Social Media nicht mehr angebracht ist, Artikel oder Beiträge aus dem Stamm-Medium auf Social Media unbearbeitet zu publizieren. Wenn Beiträge aus dem Stamm-Medium übernommen werden, dann sollten diese an den Kanal und vor allem an die Community angepasst werden.

Eine Möglichkeit der Überarbeitung besteht darin, das Publikum aufzufordern, sich zum Thema des Beitrags zu äussern. Beim Jugend-TV-Sender Joiz geht dies soweit, dass das Publikum gebeten wird, gemäss ihren eigenen Interessen Einfluss auf das Programm zu nehmen.

Aber auch im Live-Twitter-Ticker der Lokalzeitung werden die Follower aufgefordert, Fragen zum Ereignis, das getickert wird – also beispielsweise zur Parlamentsdebatte – gleich via Twitter zu stellen.

Ein Befragter gab zudem an, mit seiner Community bewusst Crowdsourcing zu betreiben, indem er die Community in den Rechercheprozess einspannt. Dies sollte man jedoch in den Augen dieses Befragten nicht allzu oft tun. Die Menschen wollen zwar interagieren, aber mehr nach den eigenen Bedürfnissen und weniger, um einen Journalisten bei der Arbeit zu unterstützen.

Mehrere Journalisten gaben an, dass sie den substanziellen Dialog mit besonders relevanten Personen, das heisst mit Quellen, mit Betroffenen oder mit Experten, bewusst nicht über Social Media führten. Für diese Kommunikation wird der E-Mail-Kanal oder das persönliche Gespräch immer noch bevorzugt, auch wenn Social Media einen persönlichen Austausch ebenso gestattet.

Auch äussern die Befragten teilweise Bedenken hinsichtlich der Qualität eines Dialogs mit dem Publikum. Viele gaben an, dass für Provokateure oder unverbesserliche Kritiker die Hürde auf Social Media offenbar tiefer liege, um sich unsachlich zu äussern. Doch 'Pöbeleien' werden von den Journalisten entweder ignoriert oder mit einer gewissen Verzögerung beantwortet.

Generell aber kann der Austausch mit dem Publikum für den Journalisten durchaus von Nutzen sein. Rund die Hälfte der Befragten gibt an, dass aus dem Social-Media-Dialog mit dem Publikum schon Folgegeschichten entstanden sind. Die Rolle des Journalisten wandelt sich hierbei vom Einweg-Informationsvermittler hin zu einem Frage-Antwort-Dialogpartner, immer noch mit profunderem Wissen zum Thema, aber stärker gesteuert von den Interessen des Publikums.

Eine Befragte sieht den Nutzen des Social-Media-Dialogs darin, dass sie hier schneller auf inhaltliche und sprachliche Fehler aufmerksam gemacht wird und diese zeitgleich verbessern kann.

Den Mehrwert im Dialog via Social Media für das Publikum selbst sehen die Befragten einerseits darin, dass sie als Journalisten und Journalistinnen die Bedürfnisse und Interessen des Publikums besser kennenlernen. Andererseits sehen sie auch einen Nutzen darin, dass sich der Zuschauer oder Leser ernstgenommen fühlt und dadurch ein Zugehörigkeitsgefühl entwickelt. Dieses wird mitunter gezielt gefördert, indem z.B. Behind-the-Scenes-Informationen exklusiv an die Community auf Twitter oder Facebook kommuniziert werden. Das Publikum fühlt sich so näher am Journalisten und der Redaktion. Diese Nähe könne aber auch trügerisch sein, äussert ein Befragter. Die Offenheit auf Social Media höre meist dann auf, wenn Menschen aus dem Publikum mal persönlich auf der Redaktion vorbeischauen möchten. Hier wurde zuvor möglicherweise eine Nähe suggeriert, die dann in der Realität enttäuscht wird.

Redaktionelle Organisation

NOCH WENIG STRUKTURIERT

Neben den Tätigkeiten des Recherchierens, Publizierens und Diskutierens wurden die Journalistinnen und Journalisten in den Gesprächen auch nach Organisation und Verantwortung der Social-Media-Präsenz befragt. Dies deshalb, weil die Form der Organisation die unterschiedlichen Verständnisse der Rolle und Bedeutung von Social Media für die journalistische Arbeit verdeutlicht. Zudem ist davon auszugehen, dass die Art der Organisation einen unmittelbaren Einfluss auf die journalistische Arbeit hat.

In den Gesprächen zeigen sich zwei grundsätzlich verschiedene Typen der Organisation von Social Media: Entweder kümmert sich eine spezialisierte Abteilung, wie zum Beispiel die Online-Redaktion, um die Pflege der Social-Media-Inhalte. Oder aber das Publizieren auf Social Media ist den Redaktionsmitgliedern frei überlassen und wird, je nach persönlicher Vorliebe, mehr, weniger oder gar nicht genutzt.

Wenn Redaktoren selbst Social-Media-Kanäle bewirtschaften, sollen ihnen dabei Richtlinien den Weg weisen. Jedoch geben praktisch alle Befragten offen zu, dass sie die Richtlinien entweder nicht kennen oder aber kennen, sich jedoch nicht daran halten.

Den beiden Haltungen liegen grundsätzlich unterschiedliche Vorstellungen der Social-Media-Präsenz eines journalistischen Mediums zugrunde. Die Pflege der Social-Media-Kanäle eines Unternehmens ist die Konsequenz aus der Annahme, dass Social Media vor allem zur Stärkung des Brands des jeweiligen Medientitels nützen sollen. Von dieser Seite wird befürchtet, dass eine individuelle Bewirtschaftung der Social-Media-Kanäle erstens zu einer hohen Fehlerquote führt und zweitens Redaktoren nur noch eigene Beiträge veröffentlichen.

Auf der anderen Seite steht die Haltung, dass Social Media eine persönliche Welt darstellen, und sich das Persönliche sowieso nicht vom Geschäftlichen trennen lasse. Auch läge es in der Verantwortung eines guten Journalisten, selbst auf Social Media aktiv zu sein.

Methode

Von Spätsommer 2014 bis Januar 2015 wurden zwanzig Gespräche mit ausgewählten Journalistinnen und Journalisten geführt, um mehr über deren Umgang mit Social Media zu erfahren. Im Fokus standen die Tätigkeiten Recherchieren, Publizieren und Diskutieren, zudem wurde nach der Organisation der Social-Media-Aktivitäten gefragt.

Die zwanzig Gespräche ergaben zwanzig Einzelportraits und einem zusammenfassenden Bericht, der eine Übersicht über die – oft widersprüchlichen – Aussagen der Befragten bietet.

Stichprobe

Für die Untersuchung wurden Vertreter verschiedener Journalismustypen, von Lokalredaktion bis Auslandkorrespondenz, in Deutschschweizer Print-, Radio-, TV- und Online-Redaktionen befragt.

Leitfaden

Die rund 45-minütigen Gespräche richteten sich nach folgenden Fragen:

Beschreiben Sie mir einen normalen Arbeitstag: In welcher Situation spielten Social Media (SoMe) bei Ihrer Arbeit zuletzt eine wichtige Rolle?
Was halten Sie persönlich von SoMe? Wie gehen Sie damit um?
Können Sie Beispiele nennen für nützliche Kanäle / Angebote?

Recherchieren

Wenn Sie eine Geschichte suchen, recherchieren und schliesslich schreiben: Wo spielen SoMe eine Rolle?
Welche Arbeitsschritte veränderten SoMe am meisten?
Wo gibt es am meisten Potenzial für Geschichten?
Welche Art von Inhalten oder welche Quellen nutzen Sie?

Publizieren

Gibt es neue Formen / Tätigkeiten zur Publikation der eigenen Arbeit?
Wie geht Ihr Unternehmen mit ‚privaten' Meinungsäusserungen aus SoMe (Blogs, Twitter) um?
Können Sie sich an eine Situation erinnern, in welcher SoMe die Reichweite oder die Resonanz eines Artikels vergrösserte?
Wen erreichen Sie via Social Media?
Was bringt Resonanz auf SoMe, was nicht?
Wenn Ihre Artikel von anderen Medien aufgenommen werden, welche Rolle spielen SoMe dabei?

Kommentieren und Reagieren

Wie kommunizieren sie online mit Ihrem Publikum?
Mit wem kommunizieren Sie?
Was bringt der Austausch mit dem Publikum Ihrer Meinung nach?
Wie gehen Sie damit um?
Gab es schon Folgegeschichten aus Reaktionen?

Organisation

Wie ist der Umgang mit SoMe auf Ihrer Redaktion organisiert?
Beim Publizieren?
Gibt es Regeln? Beispielsweise wann man schreibt, wie man schreibt?
Wer macht was? Gibt es Verantwortliche?

Kurzportrait

Die Portraits schliessen mit einem kurzen Steckbrief rund um Alter, Stellenbezeichnung, Berufsweg und Aktivität auf Social Media.

Portraits

Jakob Bächtold

STV. CHEFREDAKTOR, DER LANDBOTE

Aus einer spontanen Idee setzt der Landbote auf Social Media für die Berichterstattung. Das funktioniert mit einfachen Mitteln und kann deshalb vor allem in Lokalredaktionen gut übernommen werden: Der Live-Ticker von aussergewöhnlichen Anlässen mittels Twitter-Feed und Storify.

Im Dezember 2013 richtete sich die öffentliche Aufmerksamkeit in Winterthur auf die Budgetverhandlungen im Stadtparlament. Die finanzielle Lage war düster, und man erwartete einschneidende Kürzungen im städtischen Finanzplan. «Das Interesse war so gross, dass es keinen Platz mehr hatte im Ratsaal. Dutzenden Interessierten wurde deshalb aus Platzgründen der Zutritt verweigert; sie mussten wieder nach Hause gehen», erinnert sich Jakob Bächtold, Stv. Chefredaktor des Winterthurer Landboten, der damals mit der Berichterstattung der Budgetdebatte beauftragt war.

Bächtold wollte seine Leser aber an den Verhandlungen teilhaben lassen und twitterte live aus dem Ratsaal. Und was als spontane Idee startete, gehört inzwischen zum erprobten Repertoire des Landboten. «Wir haben das jetzt mehrmals gemacht. Auf unserer Website ist es aus technischen Gründen im Moment noch sehr umständlich, einen Ticker zu haben. Twitter ist für uns deshalb eine sehr gute Technologie, um diesen journalistischen Service zu bieten.»

Damit die einzelnen Meldungen nicht in der Masse der Tweets untergingen, archivierte die Webredaktion des Landboten diese mit Storify, so dass auf der entsprechenden Website der ganze Ticker nachgelesen werden konnte, und immer noch nachgelesen werden kann. Bei Storify findet man heute neun Anlässe, über die der Landbote entweder selbst twitterte oder Tweets zu relevanten Geschichten zusammentrug.

Erfolgreich, aber aufwändig

Bächtold war mit dem Erfolg der Aktion zufrieden. «Das lief super, da kamen teilweise auch Anfragen zu uns, in den Rat rein, und die konnten wir dann gleich wieder beantworten.» Wer die Berichterstattung nachliest, stellt fest, dass sich mit der Zeit auch die Gemeinderäte selbst an den Twitter-Diskussionen beteiligten. Dank Twitter konnte der Landbote zudem über die Deadline der Zeitung hinaus aktuell informieren. «Die Debatten gingen manchmal bis nachts um 12, das konnten wir gar nicht mehr in die Zeitung reinnehmen, weil das so spät war.»

Im vergangenen Dezember wiederholte der Landbote die Aktion, und wieder erreichte man damit weit über 1000 Leute, auch wenn die Debatte nicht mehr so heissblütig ausgetragen wurde wie im Vorjahr.

Bächtold würde das Mittel gerne häufiger einsetzen. In der Realität kommt der Landbote Twitter-Ticker aber doch relativ selten zum Einsatz. «Morgen Abend hätten wir das allenfalls von einer Podiumsdiskussion auch wieder machen wollen, aber voraussichtlich scheitert das am Personalaufwand. Das machen wir nur bei Dingen, die eine ganz hohe Beachtung haben.» Und dies, obwohl Tweets schnell abgesetzt sind und die Zusammenstellung per Storify sehr einfach und schnell umgesetzt ist. «Wenn man an einer Abendveranstaltung dann auch noch unter Zeitdruck einen Artikel für die Printausgabe schreiben muss, ist das Twittern doch eine Zusatzbelastung.»

Kernkompetenz unter Beweis stellen

Über das Zielpublikum weiss Bächtold: «Mit diesem Angebot erreichen wir vor allem ein interessiertes Publikum, die wohl oft schon Landbote-Leser sind. Wenn ich schaue, wer sich jeweils via Twitter gemeldet hat, dann waren das viele, die wir kennen.» Und zu den Absichten des Twitter-Angebots führt er weiter aus: «Wir machen das nicht, um neue Leser zu gewinnen. Wir wollen grundsätzlich die Funktion als erste News-Plattform von Winterthur auf allen Kanälen besetzen. Und ich glaube, auf Twitter ist uns das ganz gut gelungen.»

Dazu trägt in erster Linie die Online-Redaktion des Landboten bei, andererseits sind alle Redaktionsmitglieder aufgefordert, gleich zu twittern, wenn es angebracht ist. Inhaltlich gilt das gleiche Konzept wie für die Print-Ausgabe: Der Landbote soll dabei sein, wenn es Winterthur betrifft. Den Zugang zum Landbote-Twitter-Account haben alle. Strategische Grundlage für die Aktivitäten sind drei Papiere: ein Manual, ein Fact Sheet mit Hintergrundinfos, und dann noch Richtlinien zum Verhalten im Internet.

Allerdings ist der Social-Media-Einsatz beim Print-Personal noch verhalten. «Da könnte die Beteiligung noch grösser sein. Wir forcieren das aber nicht zu sehr, das wäre kontraproduktiv», sagt Bächtold. Zwar sind im Grundsatz alle eingeladen, auf freiwilliger Basis auf Social Media aktiv zu sein. Im Alltag sind es aber dann ein paar Interessierte, die auf Social Media präsent sind und gerne mitmachen.

Daneben auch noch Facebook

Zwar ist der Twitter-Ticker eine Erfolgsgeschichte. Trotzdem fragt sich Bächtold: «Bei Twitter frage ich mich manchmal schon auch, ob sich das lohnt. Denn bei Twitter sind im Raum Winterthur einfach nicht wahnsinnig viele Leute dabei. Wir haben zwar über 1800 Followers, oft sind es aber die üblichen Verdächtigen, die auf unsere Tweets reagieren. Aber wir sehen das als Investition in die Zukunft.» Als der Landbote einmal zurückverfolgte, von wo die Leser auf die Internet-Seite gelangen, war Facebook fünfmal häufiger am Ursprung im Vergleich zu Twitter. Deshalb ist der Landbote auch auf Facebook aktiv. «Ich glaube, dass das Publikum einer Regionalzeitung eher auf Facebook ist als auf Twitter. Dort schalten wir aktuelle Beiträge auf, mindestens zwei pro Tag.» Für diese Arbeit ist die Webredaktion zuständig.

In Einzelfällen nutzt der Landbote Facebook auch für Umfragen bei der Leserschaft. «Wir stehen dort in direktem Kontakt zu den Leserinnen und Leser. Das ist ein klarer Vorteil zum Print. So kommen via Facebook auch Inputs zu uns, die wir aufnehmen und daraus Geschichten machen können.»

Steckbrief

Jakob Bärchtold, Stv. Chefredaktor, Winterthurer Landbote

- Journalist seit 1995
- Stv. Chefredaktor seit Ende 1992
- Seit 2009 auf Facebook und seit 2010 auf Twitter aktiv

Weiterbildung besucht zu Social Media

«Nein. Wir hatten zwar Kurse auf der Redaktion, aber ich selbst schaffte es nicht, hinzugehen. Teilweise waren die Kurse erfolgreich, teilweise ist der Effekt bald wieder verpufft.»

Jorgos Brouzos

REDAKTOR, HANDELSZEITUNG

Social Media sei zwar nützlich als Inspiration und zur Suche von Geschichten, aber weniger als Quelle zur vertieften Faktenrecherche. Jorgos Brouzos ist Redaktor der Handelszeitung. Im Social Web vermisst er den fundierten Diskurs, sieht aber einen Vorteil im Direktkontakt zu Auskunftsquellen und dem Publikum.

Beim Recherchieren spiele das Social Web eine eher geringere Rolle. Wenn es hart auf hart ginge und wirklich relevant werde, wechsle man mit Vorteil zum Telefonhörer. Wo Social Media die grösste Rolle spiele, sei bei der Suche von Themen und Geschichten. Jorgos Brouzos: «Du kannst dir die verschiedensten Quellen ideal zusammenstellen. Damit bleibst du bei ganz spezifischen Themen wirklich à jour. Das finde ich interessant. Persönlich habe ich beispielsweise rund um das Griechenland-Thema sehr viel profitiert und Material gewonnen.» Allerdings bleibt Brouzos bezüglich der Infotiefe skeptisch: «Bei Twitter fehlt mir der fundierte Diskurs. Viele senden einfach aus. Es bleibt oft sehr trivial und viele haben gar kein Interesse an Tiefe.»

Social Media als Kontaktnetz und Adressbuch

Aus dem lauten Stimmengewirr die Relevanz zu filtern, empfindet der Wirtschaftsjournalist als schwierig. Eine echte Kunst sei es, richtigen

Gehalt zu finden. Und doch sei für ihn Twitter zum idealen Aggregationsmedium geworden – gemeint als zentraler Infostrang mit Selektier- und Sortiermöglichkeit. Dazu kommen bei Business-Plattformen die Qualitäten als Infogeber und Adressbücher. «LinkedIn und Xing sind speziell im Wirtschaftsjournalismus interessant. Dort findet man Kontakte und auch Infos wie Biografien, die wichtig und interessant sind.» Und nicht zuletzt helfe Social Media bei Kontakten unter den Journalisten: «Vielleicht ist ein Journalist irgendwo auf der Welt schon an der Geschichte dran. Einen südamerikanischen Journalisten via Twitter zu kontaktieren, ist tausendmal schneller als der Weg über die Telefonzentrale.».

Niedrige Komplexität bringt höhere Viralität

Viel Rechercheleistung bringt nicht mehr Verkehr via Social Media. Gewisse Themen bringen – obwohl sie für die Volkswirtschaft oder einzelne Branchen von grösster Relevanz sind – kaum Retweets, Postings, Reaktionen. «Ein bedeutender Primeur kann ein Unternehmen so richtig nervös machen. Das merken wir Journalisten ja dann schon an deren Reaktion. Aber auf Social Media bleibt es völlig ruhig.» Für die Aufnahme und Verbreitung einer Geschichte sei es heute immer noch wichtiger, dass die Agenturen und andere Medien darauf anspringen. Ein Austausch zwischen den Journalisten findet auf Social Media aber durchaus statt. «Auch schon wurden unsere Stories unsorgfältig wiedergegeben oder falsch zitiert oder die Handelszeitung nicht als Referenz genannt. Dann korrigiert oder ergänzt man schon auch via Twitter.» Eine Gefahr sieht Brouzos darin, dass – zumindest in der Schweiz – der Kanal Twitter noch nicht in der Breite etabliert sei. «Im Moment befürchte ich, dass Twitter zu einem sehr spezialisierten Kanal für Journalisten, Kommunikationsprofis und IT Leute wird. Das wäre sehr schade.»

Steckbrief

Jorgos Brouzos, 35, Redaktor Handelszeitung

- Journalist seit 2005
- bei der Handelszeitung seit 2008
- bei Twitter seit 2009
- bei Xing und LinkedIn seit cirka 2010

Steffi Buchli

SPORTMODERATORIN, SCHWEIZER RADIO UND FERNSEHEN SRF

Social Media haben Einfluss auf die Recherche der SRF Sportredaktion. Twitter ist ein wichtiger Inputgeber und oft Türöffner für Geschichten. Das Überprüfen von Quellen ist heute schwieriger und braucht Zeit, sagt SRF Sportmoderatorin Steffi Buchli.

Wie hat sich der Journalismus im Zeitalter von Social Media verändert und welche Bedeutung haben die Online-Kanäle bei Recherche, Publikation, Dialog und Prozessen – Sportmoderatorin Steffi Buchli im Interview.

Twitter als Newsportal und Frühwarnsystem

Die Sportmoderatorin ist beruflich auf verschiedenen Social-Media-Kanälen aktiv: mit einer Fan-Seite auf Facebook, auf YouTube, Instagram und Twitter. Der wichtigste Kanal in der Recherche ist für sie Twitter. Facebook nutzt sie vor allem für die Kundenpflege.

Steffi Buchli: «Social-Media-Kanäle sind für mich wichtige Inputgeber – vor allem Twitter. Natürlich gibt es auch viele Belanglosigkeiten und die Selektion braucht Zeit. Dafür habe ich sehr ausgeklügelte Followerlisten, die ich laufend pflege und auf aktuelle Themen anpasse – ich nutze Twitter als Newsportal.»

Recherche über Social Media

Die Sportmoderatorin sieht in Social Media Potential für Geschichten: «Interessanten Protagonisten und Fachjournalisten, die eine Nähe zu bestimmten Themen oder Teams haben, kann ich direkt followen. Das gibt Inputs für Geschichten.» Zur weiterführenden Recherche sagt Steffi Buchli: «Geht die Recherche tiefer, bewege ich mich weg von Social Media: führe Gespräche, nutze die Schweizerische Mediendatenbank (SMD) oder lese ein Buch.»

«Twitter ist nur so gut wie deine Follower-Liste», sagt sie. Man müsse sich fragen: Was interessiert mich? Und dann Interessantes pflücken und vor allem klar selektieren. Und weiter: «Ich followe Personen oder Teams, die mich grundsätzlich interessieren, allen weiteren followe ich nur zu bestimmten Events und Anlässen – dann nehme ich sie wieder von der Liste. Ich selektiere sehr strikt.» Steffi Buchli interessiert sich für Hockey, Fussball, Social Media und Gossip.

Auch für kleinere Geschichten ist Twitter – sehr selten Facebook – ein guter Kanal. Der Weg ist informeller und kürzer. Zum Vergleich der Recherche mit früher meint die Sportmoderatorin: «Früher war es umständlicher, die Welt ist kleiner geworden und die Informationen sind für Journalisten heute schneller zugänglich. Twitter ist oft mein Türöffner zu Personen oder Themen. Was heute schwieriger ist, ist die

Überprüfung der Vertrauenswürdigkeit der Quellen. Man muss wissen, wer dahinter steht, dann kann man es besser einschätzen.»

Zuschauernähe schaffen – Innensicht aufbrechen

Auf den Online-Kanälen erreicht die SRF-Sportredaktion vor allem Social-Media-affine Zuschauer und andere Journalisten. «Unseren Zuschauern können wir Behind-the-Scene-Fotos zeigen – das schafft Nähe und ist wichtig: SRF ist durch seine lange Geschichte gut in der Gesellschaft verankert, dadurch identifizieren sich unsere Kunden stark mit unseren Produkten», sagt Steffi Buchli. Und weiter: «Manchmal sind Social-Media-Inhalte eine gute Ergänzung. Dann recherchieren wir auch auf YouTube und spielen zum Beispiel einen Video-Ausschnitt in der Sendung – als kleines Schmankerl, das die Sendung auflockert oder bereichert.»

Steffi Buchlis Erfahrung zeigt: «Die Hemmschwelle, Inhalte auf Facebook zu liken, ist relativ niedrig: es werden Bilder angeschaut, die Texte aber kaum gelesen. Auf Twitter hingegen braucht es anderen Content. Nur Selfies und Oberflächliches reichen nicht – Twitter ist qualitativer und fachlicher als Facebook.»

Bei Sportevents fragt die Sportredaktion die Zuschauer via Social Media, was sie interessiert. «Das machen wir, um aus der Innensicht auszubrechen und das Blickfeld für unsere Berichterstattung zu öffnen. Die Zuschauer sehen oft andere Dinge. Das gibt Mini-Geschichten für die Sendung.»

Social Media sind nicht nice to have

Steffi Buchli: «Diese Kanäle verschwinden nicht mehr. Als Redaktion muss man einen klaren Plan verfolgen und die Kanäle in die Berichterstattung einbauen. Dazu gehört auch das Festlegen von Verantwortlichkeiten, Rollen und Prozessen. Und es ist wichtig, dass sich die Zuschauer daran gewöhnen. Wir müssen auf den Kanälen regelmässig etwas bringen, unsere Zuschauer einbeziehen und uns auch auf Social Media das Profil als Sportexperten geben. Die Social-Media-Kanäle müssen mit der gleichen Verlässlichkeit bewirtschaftet werden wie die anderen Vektoren der SRF-Sportberichterstattung.»

In der Gesamtsportredaktion sind Social Media noch nicht so integriert wie die Kanäle Radio, Fernsehen und Online. Wie stark das jeweils gelebt werde, hänge von allen involvierten Personen ab, ergänzt die Sportmoderatorin.

SRF hat viele Social-Media-Regeln: Der SRFsport-Account ist beispielsweise kein sprechender Account – Antworten gibt bei Fragen von Usern der SRF-Kundendienst. «One Word» und gute Absprachen seien dabei wichtig, erläutert Steffi Buchli.

Persönliches Engagement

Steffi Buchli pflegt ihre Social-Media-Kanäle selber. «Auch ich habe meine Regeln: keine politischen Aussagen und keine Fan-Äusserungen für einzelne Clubs. Das halte ich auch bei Interviews so. Auf Social Media gibt es keine persönliche Meinung», betont sie.

Die Sportreporterin ist von Social Media begeistert: «Ich habe aber auch grossen Respekt davor, was man damit alles auslösen kann. Jeder meiner Tweets oder Posts ist sehr wohl überlegt – Schnellschüsse gibt es bei mir nicht, meine Tweets sind bei weitem nicht immer realtime. Das Mass ist wichtig. Man darf nicht zum gläsernen Mensch werden, der über alles berichtet und von der Online-Community abhängig wird. Hält man sich an die persönlichen Guidelines, macht es aber grossen Spass.»

Steckbrief

Steffi Buchli, 36, SRF Sportmoderatorin, steffibuchli.ch

- Journalistin seit 2000
- Beim SRF in heutiger Funktion seit 2006
- Nutzt Facebook seit 2007
- Twitter seit 2012

Urs Bühler

LOKALREDAKTOR, NEUE ZÜRCHER ZEITUNG

Wie profitieren Lokaljournalisten vom Webdialog? Wo liegen die Geschichten, was bringt der Austausch mit den Lesern? Wieviel Selbstdarstellung der Schreibenden Zunft ist sinnvoll? Die Gesprächsnotiz mit Urs Bühler, Lokalredaktor «Zürich» bei der Neuen Zürcher Zeitung.

Seit zwölf Jahren recherchiert und schreibt Urs Bühler als Lokaljournalist für die NZZ. Dabei betreute er verschiedene Themendossiers und Kolumnen rund um Stadtleben, Kultur und Lebensart von Zürich. Bekannt sind beispielsweise seine Berichte aus dem Zürcher Nachtleben als «Nachtfalter». Obwohl der 47-jährige Gadgetfreak überaus aufgeschlossen ist für Neues, bleibt er bezüglich Social- Media-Einsatz in der journalistischen Arbeit wenig euphorisch.

Der Stimmungsbarometer des Volkes

Das Web habe die journalistische Arbeit erleichtert: Infos von Ämtern, Downloads und Suchmaschinen sparen viel Zeit. Und natürlich würden Lokaljournalisten Inputs und Stimmungen aus den sozialen Netzen verwerten. Einen Facebook-Account hat Bühler nur für die temporäre Beobachtung eines Protestevents eröffnet, welcher sich kommunikativ auf diese Plattform beschränkte. «Das Web und insbesondere Kanäle wie Twitter oder Facebook geben schnelle erste Einblicke. Hier zeigt sich, wo es auf den Nägeln brennt. Das wird im Lokaljournalismus genutzt – teils auch offensiv durch Fragen an die Leserschaft via Twitter.» In seinen Themengebieten – immer mehr auch feuilletonistisch geprägt – sei er aber nicht auf die tempogetriebenen Kanäle angewiesen. Bühler: «Ich gehe immer noch von der womöglich konservativen Prämisse aus, dass mich wichtige Themen und Informationen auch auf anderen, herkömmlichen Wegen erreichen. Die Plattformen tragen heute viel zur Verwechslung von Aufmerksamkeit und Relevanz bei.»

Das Meer aus Oberflächlichem mit Inseln der Relevanz

Eine interne Schulung führte Bühler in Social Media ein. Davon inspiriert, versuchte er sich selber mit Twitter. Wohl wurde es ihm nicht dabei. Zu umständlich schien die Auslese von Relevanz aus der Flut von Information und Banalität. Die Undurchsichtigkeit bei den Feed-Algorithmen der Kanäle, die Qualität der Aussagen und schliesslich auch Hacker-Angriffe auf das eigene Konto haben ihn abspenstig gemacht. Fehlt ihm heute nicht das Tempo von Social Media? «Für den Newsbereich hat Tempo wohl Relevanz. Ich bezweifle aber, dass sich eine Publikation wie die NZZ über diesen Speed definieren soll. Wir müssen dies nicht auf allen Ebenen mitmachen.» Der Austausch mit der Leserschaft via E-Mail sei seit jeher intensiv – manchmal gar endlos. Und ausreichend als Kanal zu den Lesenden. «Vielleicht bin ich hier ein unverbesserlicher Skeptiker. Das Bestürmen von Aussen via Twitter und Co. führt zur Verzettelung. Ich beschränke mich ganz bewusst auf den E-Mail Dialog.»

Die Reichweiten steigen – bei welchen Inhalten?

Urs Bühler glaubt, dass durch Social Media mehr NZZ-Artikel zitiert, verlinkt, geteilt werden – und damit die Reichweite des Angebots wächst. Vor allem regionale (Aufreger-) Themen – von Sechseläutenplatz bis Hafenkran – bringen Aufmerksamkeit. Dass die Messbarkeit und einfache Manipulations-Mechanismen im Online Erfolg bringen, findet Bühler gefährlich. Gewisse Titel lassen Klickzahlen explodieren. Sex sells. Darum zweifelt er an der Sinnhaftigkeit von Hitlisten wie «Meisgelesene Artikel». Die NZZ dürfe sich ihren Inhalt nie hiervon diktieren lassen.

Selbstdarstellung versus journalistischer Auftrag

Die Selbstdarstellung und –vermarktung von Berufskollegen über Plattformen wie Twitter macht dem Journalisten und Kolumnisten Mühe. Dabei ist ihm ein gewisser Selbstbezug beim Verfassen seiner Artikel nicht fremd. Einige seiner Textsorten, wie die Nachtfalter-Kolumne, sind davon geprägt. Grundsätzlich gebe es bei der NZZ noch keine verschriftlichten Regeln zur Social-Media-Nutzung, der gesunde Menschenverstand soll lenken. Die Offenheit sei gross, man sei dazu angehalten, die Kanäle vielseitig zu nutzen. Sicher sei auch die Sensibilität bereits gewachsen, dass neue Mittel auch Herausforderungen bei der Abgrenzung zwischen Person und Auftrag mitbringen. Dass das Verlinken, Publizieren, Senden und die Kommentarpflege von einem Community Manager zentral geregelt wird, schätzt Bühler. Das diene der Einheitlichkeit der Publikation.

Steckbrief

Urs Bühler, 47, Redaktor «Zürich» Neue Zürcher Zeitung

- Journalistisch tätig seit 1998
- Bei der Neuen Zürcher Zeitung in dieser Funktion seit 2002
- Nutzt Facebook und Twitter nur passiv für Recherche-Zwecke

Corsin Caviezel

MODERATOR, JOIZ

Beim Jugendfernsehsender Joiz ist Social Media Teil des Programms. Moderator Corsin Caviezel ist auf Facebook, Instagram und Youtube im ständigen Dialog mit seiner Zielgruppe – auch während den Sendungen.

Seit Sommer 2014 moderiert Corsin Caviezel die Sendung JoiZone und arbeitet praktisch nur noch im Netz. «Social Media ist bei uns nicht nur ein Recherche-Tool. Wir präsentieren unsere Sendungen über diese Kanäle. Und die Community nimmt Einfluss auf die Sendungen».

Polit-Fragen sondieren per Facebook, mitreden per Skype

Das Publikum bestimme interaktiv einen Teil des Inhalts. «Bei Polit-Battles zum Beispiel fragen wir auf Facebook im Voraus nach den Meinungen. So kriegen wir einen Eindruck, welche die spannenden Fragen sind. So können wir unsere Sendungen besser auf das Zielpublikum zuschneiden». Während der Sendungen ruft Joiz auch dazu auf, per Skype-Call mitzudiskutieren. Diese Form sei neu, sagt Corsin Caviezel, und brauche viel Vorbereitung. Wenn die Moderatoren merken, dass in der Talk-Sendung auf Facebook viele Fragen zu einem anderen Aspekt des Themas gestellt werden, ändern sie auch mal spontan den Fokus eines Gesprächs.

Themen-Pool und -Radar

Das junge Publikum bewege sich vor allem auf Facebook, Instagram und Youtube, sagt Caviezel. Twitter nutze er vor allem passiv, als persönlicher Newsfeed. Facebook und Instagram eignen sich gut als Pool an möglichen Gesprächspartnern. «Bei der Themensuche ist es interessant, wie viele Likes eine Person hat. Dadurch kann ich abschätzen, wie interessant eine Person und ihr Thema für die Zielgruppe ist.» JOIZ pflegt unabhängig von den Kanälen eine grosse eigene Community. Zudem gibt es thematische Netzwerke, zum Beispiel jenes aus Jungpolitikern, in welchem Gäste für Sendungen gesucht werden.

Jeder verantwortet seine Kommentare

Für Caviezel ist es bereichernd, immer das direkte Feedback der Zuschauer zu erhalten. So weiss er, was sie beschäftigt. Für den Umgang mit Social Media auf der Redaktion gibt es klare Abläufe. Die private und berufliche Nutzung lasse sich aber nicht komplett trennen. Am Ende sei jeder persönlich verantwortlich für seine Äusserungen.

Steckbrief

Corsin Caviezel, 24, Moderator Joiz Schweiz

- Journalist seit 2010
- Bei Joiz seit 2014
- Nutzt sämtliche Social-Media-Kanäle beruflich

Arthur Honegger

US-KORRESPONDENT, SCHWEIZER RADIO UND FERNSEHEN SRF UND BÜROCHEF SRG, WASHINGTON

Arthur Honegger bietet als SRF-Korrespondent Einblicke in die politischen und gesellschaftlichen Themen der USA. Angesichts der Grösse des Landes findet er aber am TV kaum genügend Raum für die vielfältigen Themen. Via Social Media – und vor allem Twitter – macht er eine interessierte Community auf Themen und Zusammenhänge aufmerksam, die im News-Alltag keinen Platz finden.

Für Arthur Honegger gehören Social Media zur journalistischen Tätigkeit: «Ich habe auf Twitter über 8'500 Tweets verschickt (Stand Februar 15, die Red.). Meist zu Dingen, die ich sehe und interessant finde. Es ist also nicht immer selbst generierter Content. Sondern Dinge, die ich im Radio höre oder im TV sehe und die zu Hause das Verständnis zu einem US-Thema erhöhen. Dazu kommen gewisse Kommentare von meiner Seite, knappe Einordnungen.» Was gut ankommt und auch für Reaktionen sorge, seien interaktive Geschichten, Fotos und persönliche Einordnungen.

Journalistische Erweiterung für die interessierte Community

Via Twitter (@honegger) bedient Honegger über seine journalistischen Gefässe hinaus frei und so umfangreich wie er will, eine interessierte Community. «Bei Twitter bildet sich schnell eine Community, die sich für ein Thema interessiert. Im Gegensatz zu Facebook. Facebook nutze ich praktisch nur privat für die Kontaktpflege in die Schweiz.» Seine

Follower kommen wie erwartet grossmehrheitlich aus der Schweiz. Darunter sind nicht nur Privatleute, weiss Honegger. Er habe auch schon Tweets von ihm in Schweizer Medien wiedergefunden. Überraschender ist das Geschlechterverhältnis: 74 Prozent der Follower sind männlich.

Der Massenkanal bringt Offenheit für Kritik und Nähe zum Publikum

Die Interaktion ist nicht immer nur positiv. Follower äussern sich via Twitter gerne auch kritisch zu Beiträgen oder Aussagen von Honegger. Manchmal muss er auch herhalten, um anti-amerikanische Gefühle von Followern über sich ergehen zu lassen. «Leute, die finden, in den USA laufe etwas falsch, schreiben das gerne mal mir.»

Honeggers Engagement auf Twitter wird von seinen Chefs gern gesehen, so seine Einschätzung. «Weil sie sehen, dass es eine gute Möglichkeit ist, sich mit unserem Publikum auszutauschen und mit ihnen in Kontakt zu treten. Das wird zunehmend wichtig.» Regeln gäbe es zwar, aber «...es wäre übertrieben, wenn ich sagen würde, dass ich die kenne. Eigentlich gibt es nur eine Regel, die man beachten sollte: Man ist in der gleichen Rolle, wie als Korrespondent am Sender. Ich werde nicht anfangen, politische Ansichten zu beurteilen oder private Dinge zu erzählen. Es ist halt auch ein Massenmedium.» Auch wenn es nicht der Kanal der SRG, sondern derjenige von Arthur Honegger ist.

Twitter als Sensor für Aktualität

Twitter ist aber auch ein Recherche-Tool: «Twitter ist eine meiner Informationsquellen, die ich den ganzen Tag offen habe. Es ist gut, um einen Feed oder das Rauschen im Kanal zu verfolgen. Ich weiss was geht, sehe Themen die aufkommen und interessieren.» Der Aufwand sei beträchtlich: «Ich folge 531 Leuten, hauptsächlich US-Kollegen, Journalisten, aber auch Leuten aus der Politik oder von Thinktanks.»

Damit er trotzdem die Übersicht nicht verliert, strukturiert er die Twitter-Quellen wie eine persönliche Ablage. «Ich fasse die Twitterer in Listen zusammen. Ich habe zum Beispiel eine dazu, was gerade in Washington diskutiert wird. Ich habe eine, die mehr Richtung Wirtschaft geht, eine Richtung Medien etc. Und wenn ich aktuell was mache, stelle ich eine entsprechende Liste zusammen. Wenn ich zum Beispiel etwas zum Supreme Court mache, stelle ich eine entsprechende Liste zusammen. Oder mache sehr spezifische Listen wie Ukraine oder ISIS.»

«Man kann auf Social Media auch zuviel machen»

Neben Twitter nutzt Honegger zwar andere Social-Media-Plattformen, aber nie im gleichen Ausmass. LinkedIn und Xing nutzt er zur Kontaktpflege. Dort nimmt er auch jede Freundschaftsanfrage an. Im Gegensatz zu Facebook, das für ihn privat bleibt. Und obwohl fotografieren ein Hobby von ihm ist, betreibt er keine Foto-Plattform auf Social Media, sondern vertwittert höchstens ab und zu ein Bild. Und weshalb nicht auf Flickr oder Instagram? «Man kann auf Social Media auch zu viel machen», sagt Honegger.

Steckbrief

Arthur Honegger, 35, US-Korrespondent Schweizer Radio und Fernsehen SRF und Bürochef SRG in Washinton

- Journalist seit 2001
- in der jetzigen Funktion seit 2008
- neue Funktion als 10vor10 Moderator (ab Herbst 2015)
- Nutzt Facebook seit 2007
- Twitter seit 2009

Weiterbildung besucht zu Social Media?

«Ich habe mal eine Twitter-Schulung für Korrespondenten gegeben. Aber gemacht habe ich nie eine. Es wäre vielleicht gar nicht schlecht. Man muss aber auch selbst herausfinden, wie man Social Media einsetzt.»

Florian Imbach

BUNDESHAUSREDAKTOR, SONNTAGSBLICK

Florian Imbach berichtet über nationale Politik aus Bern für das Politik-Ressort der Blick-Gruppe. Er verrät, wie die sozialen Kanäle seine Recherche bereichern, warum seine Artikel dank Social Media eine grössere Reichweite generieren und was ihm der Dialog bringt.

Goldgrube für Themen und Personen

Dank seines grossen Netzwerks und seiner starken Präsenz auf Twitter, Facebook und Co. kommt er oft zu Themen und Experten, an die er offline nicht herankommen würde. So stösst er auf nützliche Informationen über Unternehmen, Meinungen von Betroffenen und Anregungen von Personen, die seine Recherche zusätzlich bereichern. Für ihn werden diese Plattformen auch deshalb zunehmend wichtiger, weil immer mehr Menschen und Unternehmen sie nutzen. Und: Weil er deshalb öfter auf seine Artikel angesprochen wird als durch Leserbriefe und dadurch Feedback und neue Denkanstösse erhält. Diese wiederum regen zu Folgegeschichten an.

Mehr Reichweite mit System

Florian Imbach verbreitet ausgewählte Artikel über die sozialen Medien und gewinnt dadurch an Reichweite; IT-Themen beispielsweise erzeugen auf Facebook und Twitter eine starke Resonanz, weil diese in der Community oft diskutiert und die Beiträge dadurch noch stärker verbreitet werden. Parallel teilen auch Leser, Experten und Meinungsmacher seine Artikel mit ihrem Netzwerk, wodurch er wieder neue Follower gewinnt. Nicht alle Themen sind zum Teilen über Social Media gleich geeignet. Politik-Themen, beispielsweise der Finanzausgleich, lösen bei Lesern mehr Betroffenheit aus und werden öfter geteilt als die Besteuerung ausländischer Unternehmen, welche Privatpersonen nicht direkt betreffen.

Dialog und Diskussionen

Imbach beantwortet jeden Post über jeden Kanal. Am aktivsten ist er auf Twitter. Hier versucht er Diskussionen zu starten und Experten, Journalisten, Politiker und Kommunikatoren einzubinden. Auf Facebook werden seine Artikel zwar kommentiert oder geliked, Diskussionen finden dort aber kaum statt. Für ihn sind die sozialen Medien wichtige Dialog- und Diskussionsarenen. Neben der Pflege seines Netzwerks auf den gängigen Kanälen testet er darum auch regelmässig neue Kanäle wie zuletzt Path.

Steckbrief

Florian Imbach, 30 Jahre, Bundeshausredaktor beim Sonntagsblick seit 1. Mai 2014

- Als Journalist tätig seit 2008
- Nutzt Facebook seit 2007
- Twitter seit 2009
- Youtube seit 2011

Jeremy Kunz

BLOGGER, REISEWERK.CH UND SOCIAL MEDIA CONSULTANT

Koffer auf Reise verloren, darüber gewittert, Geschichte gefunden. Für Reise-Blogger und Social Media Consultant Jeremy Kunz gehört die Nutzung der sozialen Medien zum Alltag. Er recherchiert, publiziert und kommentiert über Facebook, Twitter, Instagram und Youtube und schöpft daraus Ideen für Geschichten, knüpft Kontakte und gewinnt Reach auf seinem Blog reisewerk.ch.

Als Reiseblogger ist Jeremy Kunz immer unterwegs auf der Suche nach Geschichten. Die sozialen Kanäle sind dabei ein ständiger Begleiter, ob als Ideenlieferant oder als Publikationsplattform für seine Reiseberichte. Und: Sie legitimieren mitunter seinen Blog.

Zur Story über Social Media

Tipps von Fans über Social Media, Reiseberichte von anderen Bloggern, Youtube-Videos von Privatpersonen und Tourismusorganisationen, Fotos auf Flickr – so kommt Jeremy Kunz, reisewerk.ch, zu seinen Geschichten, wie zum Beispiel jener für GEO über die besten Pools. Der Tipp Hilton Hotel Bangkok kam von einem Fan, der auf einen Post antwortete. Als Ideenlieferant seien die sozialen Kanäle sehr nützlich. Für die fundierte Recherche bediene er sich hingegen anderer Quellen, wie Factsheets, Websites etc.

Blog-Popularität dank Facebook & Co.

Die sozialen Kanäle sind für den Reiseblogger nicht mehr wegzudenken. Sie verhalfen seinem Blog vom «nur» Online-Journal zur heutigen, vor allem im deutschsprachigen Raum gut bekannten, Reise-Geschichten-Plattform. Seine Reiseberichte für reisewerk.ch und Medien wie Reiseblick und 20 Minuten verbreitet er über Facebook, Twitter, Bild-Beiträge auch über Youtube, Flickr und Instagram. Nicht selten «explodieren» dadurch die Leserzahlen. Das aktuellste Beispiel ist Jeremy's erster Videoblog über sein derzeitiges Projekt (#RWthailand). In den ersten 30 Stunden wurde der Beitrag 5'600 mal angesehen und erreichte 26'000 Personen.

Erfolgreich dank Followship

Der dritte Erfolgspfeiler neben Recherche und Publizieren über die sozialen Medien ist der Beziehungsaufbau und die Pflege der Fan-Gemeinschaft. Jeremy Kunz antwortet auf alle Posts. Der Austausch mit Followern ist nicht nur persönlich und als Inspiration für künftige Blogbeiträge bereichernd, er ist essentiell. Mehr Fans bedeuten mehr Legitimation für den Blog und dies wiederum macht reisewerk.ch attraktiv für Werbekunden und Geschäftspartner.

Steckbrief

Jeremy Kunz, 29, Blogger, reisewerk.ch, Social Media Consultant für Marken im Bereich Tourismus

- Gründete den Reiseblog reisewerk.ch 2005
- Nutzt Facebook seit 2008
- Twitter seit 2009

Reto Lipp

WIRTSCHAFTS-MODERATOR UND -REDAKTOR, SCHWEIZER RADIO UND FERNSEHEN SRF

Wofür setzt die SRF-Wirtschaftsredaktion die sozialen Medien ein, wie entsteht Mehrwert und wo hört der Dialog auf? Darüber sprach Reto Lipp, Wirtschafts-Moderator und -Redaktor beim Schweizer Radio und Fernsehen SRF.

Seit sieben Jahren ist Reto Lipp als Moderator und Redaktor von «ECO» und «SRF Börse» tätig. Der vom Branchenmagazin «Schweizer Journalist» gewählte Wirtschaftsjournalist des Jahres 2011 ist ständig auf der Suche nach interessanten Wirtschaftsthemen, um zu einer fundierten Meinungsbildung seiner Zuschauer beizutragen.

Näher bei den Leuten

Social-Media-Kanäle wie Twitter und Facebook erleichtern der Wirtschaftsredaktion die Recherche. Bei der Suche nach Protagonisten zur Zuwanderung beispielsweise, haben via Facebook und LinkedIn mehrere «Follower» Vorschläge unterbreitet. Auch Anregungen für neue Themen oder Folgebeiträge gelangen durch diese Kanäle auf direktem Weg an das Redaktionsteam. Und auch Dialog entsteht über die sozialen Kanäle einfacher als früher über die Kommentarfelder auf der SRF-Seite. So fragt die Redaktion nach Meinungen, profitiert von Diskussionen und reagiert schnell auf Kritik.

Social Media im redaktionellen Alltag

Heute setzt die Redaktion vor allem auf Facebook und Twitter. Darüber kündigt sie Programmthemen an, teilt Hintergrundinformationen und holt im Anschluss an die Sendung Feedback ein. Im redaktionellen Alltag sieht der Einsatz der sozialen Kanäle folgendermassen aus, erklärt Reto Lipp: Am Donnerstag und Freitag bewirbt die Redaktion ein erstes Sendungsthema über Twitter und zeigt über Facebook Fotos, Hintergrund-Beiträge oder Abrisse der ersten zwei Minuten der Sendung. Am Sonntag und Montag wird je ein weiteres Thema angeteasert. Während der Sendung fragt die Redaktion das Publikum über die sozialen Medien nach ihrer Meinung und nach der Sendung – auf dem Nachhauseweg – diskutiert Reto Lipp höchstpersönlich online weiter. Neben Facebook und Twitter könnten künftig noch weitere soziale Plattformen in Frage kommen. Interessant für die Verbreitung von beispielsweise Bildungsthemen sieht Reto Lipp die beruflichen Netzwerkplattformen Xing und LinkedIn.

Mehr als Eigenwerbung

Neben den Posts zur Promotion der Sendungen will der Wirtschaftsmoderator auch mit sendungsunabhängigen Inhalten Mehrwert schaffen. So verbreitet er, was ihm gerade ins Auge springt: Studien, Statistiken, Zahlen zu Wirtschaftsthemen, die sonst nicht gross thematisiert werden. Von unterwegs twittert er gerne, doch dies ist manchmal umständlich. Nämlich dann, wenn er seine Quellen, beispielsweise einen Artikel aus einem Printmedium nicht online findet.

Dies hält ihn jedoch nicht davon ab, auch einmal ohne Verlinkung zu posten.

Privat bleibt privat

Wer auf den sozialen Kanälen mit Reto Lipp interagiert, interagiert mit ECO. Denn privat nutzt der Wirtschaftsredaktor die sozialen Kanäle nicht. Natürlich interessiert die Öffentlichkeit auch die Meinung von Reto Lipp, beispielsweise zu einer aktuellen Initiative. Persönliche Ansichten darf der Moderator jedoch nicht mit dem «ECO-Hut» verkünden. Warum dann das Reto Lipp-Profil? Den Einstieg in die soziale Welt machte er ursprünglich mit einem ECO-Profil, doch nach sieben Jahren als Moderator wirkt sein Name als Profilname wie eine Marke.

Transparenz beim Posten

Dass ihm beim Publizieren unter die Arme gegriffen wird, ist kein Geheimnis. Die Posts weisen klar auf, von wem sie verfasst wurden – von Reto Lipp oder von einer ECO-Redaktorin. Sie kümmert sich um den gesamten Online-Auftritt und bedient die Profile auf Facebook und LinkedIn der Wirtschafts- und Börsensendung unter der Woche, während Reto Lipp vor allem vor und nach den Sendungen auf Social Media aktiv wird.

Steckbrief

Reto Lipp, 54, Moderator/Redaktor «ECO» und «SRF Börse»

- Journalistisch tätig seit 1983
- Beim SRF in dieser Funktion seit 2007
- Nutzt die sozialen Kanäle rein beruflich

Simone Meier

KULTURREDAKTORIN, WATSON

Das Online-Newsportal watson funktioniert nur im Zusammenspiel mit den Sozialen Medien. Welche Inhalte «gehen ab»? Welche Themen generieren viele Likes und Retweets? Simone Meier ist seit Anfang März 2014 für das Ressort Kultur verantwortlich. Sie erzählt, wie sich der Journalismus durch die Sozialen Medien verändert hat und warum sie gedruckte Zeitungen nicht mag.

Seit 18 Jahren ist Simone Meier Journalistin. Sie hat einen Roman veröffentlicht: «Mein Lieb, mein Lieb, mein Leben». 1998 bis 2013 arbeitete sie als Kulturredaktorin beim Tages-Anzeiger, eine Tätigkeit, die sie 2004 und 2005 für eine tägliche Kolumne mit dem Titel «Journal» unterbrach. Die Kolumnensammlung erschien Ende 2005 unter dem Titel «Meier's Best». Seit März ist sie Kulturredaktorin bei watson. Sie selber liest nicht gerne Zeitungen: «Das Gedruckte an sich hat für mich etwas Unattraktives. Ein Inhalt vermittelt sich für mich viel besser mit Hilfe von Bildern. Also online oder in schön gemachten Magazinen.»

Ratschläge statt Regeln

Die Sozialen Medien nutzt Simone Meier nicht erst seit sie bei watson ist: Mit Tweets zu den Glastür-Unfällen im neuen Tamedia-Gebäude hat sie viel Kritik von der Chefredaktion geerntet. Entsprechend fuhr sie ihre Aktivitäten auf Social Media zurück. Bei watson sei der Umgang mit Sozialen Medien entspannter: «Es gibt keine Regeln, nur gute Ratschläge», sagt Simone Meier. Am Anfang sei sie erstaunt gewesen, dass ihre Mitarbeitenden nicht auf Mails antworteten, auf den sozialen Kanälen aber binnen Minuten reagierten. Neben ihren Artikeln, die sie über Twitter und Facebook verbreitet, haben die Sozialen Medien auch eine Monitoring-Funktion: Was posten andere Medien? Welche Posts von Stars kann sie retweeten, sharen oder für ihre Geschichten verwenden?

Eigenes Wissen vs. Internetrecherche

Die Sozialen Medien spielen für Simone Meier bei der Recherche eine Rolle: «Zum Beispiel die Facebook-Seite der Vanity Fair liefert mir zusätzliche Informationen, die mit dem Printprodukt nichts zu tun haben.» Früher sei Facebook für sie rein privat gewesen. Mittlerweile ist es zum Arbeitstool geworden: Simone Meier hat sich auf Facebook eine Community aus Künstlern, Kulturschaffenden und Kulturinteressierten aufgebaut. Diese möchte sie für Geschichten und für ihre Recherche nutzen. «Auf Twitter bin ich eher chaotisch. Ich habe mir zwar Follower-Listen zu verschiedenen Themen zusammengestellt, genutzt habe ich sie bis jetzt selten», sagt Simone Meier. Häufig höre sie von einem Ereignis und recherchiere anschliessend im Internet. Oder sie kontaktiert Personen für Auskünfte über die Sozialen Medien und startet Aufrufe für eine Recherche. Als Simone Meier vor 18 Jahren in den Journalismus einstieg, habe sie sich zu hundert Prozent auf das eigene Wissen verlassen. Da sei die Fehlerquote viel höher gewesen. Mit dem Internet und der Verbreitung der Sozialen Medien seien diese weniger geworden.

Der Kommentar ist der neue Leserbrief

watson ist ein reines Online-Newsportal, positive wie negative Kritik finden im Netz statt. Früher habe sie auf viele Artikel Leserbriefe erhalten, auf die sie persönlich antwortete. Später wurden diese von E-Mails abgelöst. Bei watson kommt Kritik vor allem über Facebook und Twitter: «Ich bin jeweils wahnsinnig gespannt auf die Reaktionen.» Kritik begegne sie offen, sagt Simone Meier. Sie schalte in diesem Fall auf den Messenger um und stelle sich der Diskussion. Krasse Reaktionen hätten sie bei watson relativ selten. Dies führt sie auf die Registrierungspflicht beim Kommentieren zurück. Auch Anstösse für Folgegeschichten hat es schon gegeben: Aus einer Meinungsverschiedenheit mit einem Filmemacher resultierte die Idee für eine Debatte auf watson. Die Idee fand Anklang. Ein Artikel ist geplant.

Emotionales und Schweiz-Bezug für mehr Leser

Welche Geschichten erzeugen sogenannte Hypes? Sind es Blut, Busen und Büsis? watson verfolgt mit einem eigens entwickelten Tool laufend die Performance seiner Inhalte. Simone Meier dünkt das ganze extrem willkürlich: «Manchmal werden Geschichten, von denen ich annehme, dass sie ihre Viralität hoch ist, extrem schlecht gelesen.» Grundsätzlich sind Geschichten mit Bezug zur Schweiz beliebt: «Mein Artikel über das Filmfestival Locarno wurde viel häufiger gelesen, als derjenige über das Filmfestival in Cannes.» Und Geschichten zu aktuellen Schweizer Polit-Themen kommen ebenfalls gut an. Auch «Selbstgebasteltes» wie ein Quiz funktioniere: Der Leser fühlt sich «beschenkt». Emotionales wie Todesfälle bewegten die Menschen: Simone Meiers Nachruf auf H.R. Giger lief so gut wie kein anderer ihrer Artikel.

Steckbrief

Simone Meier, 44, Kulturredaktorin bei watson

- Journalistin seit 1996
- Bei watson in heutiger Funktion seit 1. März 2014
- Nutzt Facebook seit 2011
- Twitter seit 2012

Birgit Orgler

CHEFREDAKTORIN, RADIO 24

Die Sozialen Kanäle bieten dem Radio für die Recherche und zur Beschaffung von Informationen neue Möglichkeiten. Und das Radio ist nicht mehr alleine das schnellste Medium – Social Media ist gleichauf. Birgit Orgler ist Chefredaktorin bei Radio 24. Sie erklärt, wie das Medium Radio mit Facebook und Co. im Redaktionsalltag umgeht – und warum sie selber darauf verzichtet.

Sich selbst nennt Birgit Orgler einen «kompletten Social-Media-Muffel»: Sie ist weder auf Twitter noch auf Facebook oder auf sonstigen Kanälen privat aktiv. Für das Medium Radio sieht sie aber Vorteile: «Die Möglichkeiten, Fakten zu prüfen sind vielfältiger und gleichzeitig günstiger geworden», sagt Birgit Orgler.

Möglichkeiten für die Recherche

Früher waren News-Agenturen wie beispielsweise Reuters die einzigen Recherche-Quellen für Radios. Wer es sich leisten konnte, nahm den Service von zwei Agenturen in Anspruch, um Fakten crosszuchecken. Heute komme man durch die Sozialen Kanäle schneller und günstiger an die relativ teuren Reuters-Meldungen, sagt Birgit Orgler. Zusätzlich können über Facebook, Twitter und weitere Online-Kanäle Informationen recherchiert werden. Die Sozialen Medien sind aber auch eine direkte Konkurrenz des Radios: Als Birgit Orgler zu «Dinosaurierzeiten» beim Radio angefangen hat, ging sie mit dem Aufnahmegerät an eine Pressekonferenz und schnitt danach für die Abendsendung einen Beitrag. Der Beitrag erschien vor allen anderen Medien. Heute seien die Sozialen Kanäle und die Online-Medien gleich schnell. Arbeitsschritte haben sich laut Birgit Orgler durch die Sozialen Medien nicht verändert. Posts und Tweets lassen sich mit den früheren Hörertelefonen vergleichen: Die Quellen müssen genauso geprüft werden, wie wenn früher jemand ins Studio anrief und Meldung beispielsweise über einen Unfall machte.

Verantwortlichkeiten klären – gesunden Menschenverstand walten lassen

Für die Bespielung der offiziellen Kanäle von Radio 24 ist ein Social Media Manager verantwortlich. Er postet Aktionen, Aktivitäten der Moderation, Podcatst, etc. Dabei tauscht er sich mit der Moderation aus zu: Was ist gerade aktuell? Welche Inhalte stehen zur Verfügung? Laut Birgit Orgler ist es wichtig, dass die Verantwortlichkeit für die Sozialen Kanäle klar geregelt ist. Sonst würde so nebenbei noch Social Media betrieben. Unvollständigkeit, Tippfehler und ein unprofessioneller Online-Auftritt wären die Folge. Radio 24 publiziert keine News auf Sozialen Kanälen: «Das wäre nur ein weiterer Newsticker.» Versuche in diese Richtung seien abgebrochen worden, weil es sehr zeitaufwändig war und man nie aktuell genug sein könne. Überhaupt habe man bei der Einführung von Social Media vieles ausprobiert, einiges fortgeführt und anderes wieder verworfen. Learning by doing sei die Devise gewesen, sagt Birgit Orgler. Das Verhalten auf den Sozialen Plattformen ist Teil des Programmhandbuchs von Radio 24. Die Moderatorinnen und Moderatoren werden speziell gebrieft, weil sie öffentliche Personen und an der Front tätig sind. Sie haben auch meistens zwei Facebook-Profile: ein öffentliches und ein privates. Laut Birgit Orgler zähle man beim Sender aber auf den gesunden Menschenverstand.

Ein bisschen mehr Menschenverstand wünscht sich Birgit Orgler auch bei der privaten Social-Media-Nutzung: «Die Selbstdarstellung auf Facebook gefällt mir nicht». Und das meiste, was gepostet werde, interessiere sie sowieso nicht, sagt sie. Hingegen könne sie sich durchaus mit dem Prinzip von Twitter anfreunden: «Die Idee, etwas so zu verdichten, dass man es in 140 Zeichen ausdrücken kann, gefällt mir. Da kommt man eher auf den Punkt, als wenn man jeden Aspekt seines Lebens ins Netz stellt.»

Steckbrief

Birgit Orgler, 46, Chefredaktorin Radio 24

- Journalistin seit 1994
- Bei Radio 24 in der heutigen Funktion seit 2012
- Nutzt Facebook und Twitter nicht

Daniel Puntas Bernet

JOURNALIST UND VERLEGER, REPORTAGEN

Seine Leser schätzen gedruckte Geschichten, er wertet das persönliche Gespräch am höchsten und Social Media nutzt er nicht. Daniel Puntas Bernet erzählt, wo Social Media trotzdem dazugehört und wie er damit umgeht.

Der heutige Verleger des Magazins Reportagen kam 2008 als Journalist zum ersten Mal mit Social Media in Kontakt. «Es hiess: Mach doch einen Artikel über dieses Ding da, welches alle Facebook nennen. So sah ich mich auf facebook.com um und am nächsten Sonntag war ein Artikel in der NZZ am Sonntag», erzählt Daniel Puntas Bernet. Seither hat er einen ungenutzen Facebook-Account. Sein Redaktionsalltag besteht aus Telefonieren, Lesen, E-Mails schreiben und persönlichen Gesprächen. Social Media spielt dabei keine aktive Rolle.

Kein Ersatz für den persönlichen Kontakt

Recherchiert Daniel Puntas Bernet eine eigene Geschichte, beginnt diese im Web und endet am Ort des Geschehens. Vom «kalt» schreiben hält er nichts und sagt: «Da schreibt man über Milchpreise auf der Basis von Statistiken und Expertengesprächen – aber war noch nie auf einem Bauernhof!» Als Reporter arbeitet er seit einigen Jahren kaum mehr, dieses Jahr war eine Ausnahme. Viel habe sich nicht geändert, meint er.

«Die Kerntugenden sind die gleichen. Man muss vor Ort sein, die Leute spüren. Da hilft mir Digitales nicht.» Für manche mag sich die Suche und die Kontaktaufnahme erleichtern, für ihn bleiben aber die klassischen Kanäle entscheidend.

Artikel zum Mitnehmen

Die digitalen Helfer überzeugen ihn da, wo sie Nutzen bringen: Beim Lesen. Die Pocket-App übernimmt die Ablage der Artikel, damit sie von überall her und auf allen Geräten wieder aufrufbar sind. «So nehme ich die Artikel, die ich finde oder mir empfohlen werden, überallhin mit. Ich habe keinen Layoutkrieg, muss nichts ausdrucken – die Pocket-App ist convenient. Ich kann schnell einen Text abspeichern und es irgendwo lesen.» Die Technik vereinfacht den Alltag. Kein Einfluss nimmt Social Media auf die Arbeitsschritte: «Ich suche nach Geschichten, Themen und Autoren, welche sich mit mir jeweils direkt austauschen. Empfehlungen bleiben persönlich und kommen auf den herkömmlichen Kanälen zu mir.» Die Online-Recherche helfe unterdessen jedoch, die Themenvorschläge von Autoren besser einzuschätzen.

Der Online-Redaktionsraum

Die Redaktion des Reportagen besteht aus sieben Personen und ist dezentral organisiert. Pro Jahr entstehen sechs Hefte, seit 2011. «Wir treffen uns nur sechs bis achtmal pro Jahr. Weil wir uns so wenig sehen, ist es Bedingung, dass wir konstant in Kontakt stehen.» Da kommt ein weiterer digitaler Helfer zum Einsatz: Themen, Kommentare und Anregungen werden im Forum platziert. «Das Forum ist unser Online-Redaktionsraum.» Der interne Chatroom schafft Verbindlichkeit mit Terminen und erlaubt, dass alle mitsprechen können – ob bei der

Auswahl von Geschichten oder dem Heft-Cover. «Das Tool? Ich weiss nur, wie ich mich einloggen kann. Von überall her.»

Pragmatischer, stilgerechter Einsatz

«Für Reportagen bin ich froh, dass jemand aus dem Team bei der Weiterverbreitung Facebook und Twitter nutzt. Das ist ein pragmatischer Entscheid, mir wäre das fremd.» Die Abstimmung der Aktivitäten und der Tonalität auf den Kanälen geschieht laut Daniel Puntas Bernet laufend. Alle Redaktionsmitglieder teilen die gleiche Vorstellung vom Auftritt, der Grundsatz: über die Inhalte auf sich aufmerksam zu machen. «Die Leser achten sehr genau, was man macht und ob es zum Stil passt», ergänzt er.

Im Gespräch entsteht Neues

Viel Interaktion gibt es auf den sozialen Medien nicht. Verbreitet werden die Informationen zu den neuen Ausgaben oder zu Anlässen, die vom Reportagen initiiert werden. Feedbacks kommen per Mail und in Gesprächen. Der persönliche Kontakt ist entscheidend für Daniel Puntas Bernet: «Im Gespräch entsteht immer etwas.» Und bei Reportagen vor allem offline. Zum Beispiel als ein Journalist für ein Magazin nach Mali unterwegs war und am Flughafen Zürich ein Reportagen kaufte. «Im Impressum sah er die Telefonnummer. Es war Sonntagabend. Er rief mich an und sagte, er fliege nach Mali und möchte für uns eine Geschichte schreiben. Über Twitter und Facebook hätte er mich jedenfalls nicht erreicht. Unsere Leser interessiert das Magazin. Alles drumherum ist Zugabe.»

Steckbrief

Daniel Puntas Bernet, 49, Journalist und Verleger Reportagen

- Journalist seit seiner ersten Reportage 2001
- Ungenutzte Accounts bei Facebook und Twitter

Jürg Rüttimann

LEITER WIRTSCHAFTSREDAKTION, SCHWEIZERISCHE DEPESCHENAGENTUR SDA

Die schnellen Dialogkanäle haben die Arbeit der Schweizerischen Depeschenagentur sda umgekrempelt. Der Druck, News noch schneller zu publizieren, sei gestiegen, sagt Jürg Rüttimann, Leiter der sda-Wirtschaftsredaktion.

Social Media bedeutet für die sda vor allem: Mehr Geschwindigkeit. Die Konsequenzen für den journalistischen Alltag sind vielseitig. Im bernetblog-Portrait erzählt Jürg Rüttimann, Leiter der sda-Wirtschaftsredaktion, welche Vorteile Twitter als Informationsquelle und Monitoring-Tool bietet und wie sich die Aufgabe der ältesten Schweizer Nachrichtenagentur gewandelt hat.

Twitter als Monitoring-Tool etabliert

Die sda nutzt im Alltag von den Social-Media-Plattformen fast ausschliesslich den Kurznachrichtendienst Twitter. Dieser gehört jedoch zu den fixen Arbeitsinstrumenten, alle Mitarbeiter wurden dafür geschult, sagt Jürg Rüttimann:

«Wir beobachten die nationalen und internationalen Newsportale via Twitter, das geht wesentlich schneller und einfacher als mit anderen

Tools. Zusätzlich führen wir Twitterlisten mit Politikern und Persönlichkeiten aus der Wirtschaft. Dabei bleibt aber immer zu bedenken: Twitter ist kein Kanal der breiten Masse, sondern von jenen, die sich mitteilen wollen.»

Auch als Quelle für neue Geschichten diene Twitter, vor allem bei Themen aus Technologie oder Politik: «Twitter ist vor allem bei technischen Themen eine schnelle Informationsquelle, insbesondere bei der Informationstechnologie. Hier finden wir immer wieder Themen, die wir weiterverarbeiten können. Als Quelle etabliert hat sich der Kanal auch in der Politik: Wir finden auf Twitter sehr rasch Reaktionen auf Ereignisse. Wenn uns der Urheber bekannt ist, verwenden wir die auch eins zu eins. Unternehmen sind mir bis jetzt keine bekannt, die Twitter so nutzen, dass wir Informationen schneller erhalten würden als über den herkömmlichen Weg.»

Einfluss auf die Themenwahl

Auf die Themenwahl haben Social Media einen Einfluss – wenn auch einen indirekten: «Ich nehme über meine Timeline extrem viel Informationen auf – pro Stunde können das 100, 200 Tweets sein. Manchmal entdecken wir interessante Statistiken via Twitter. Es kam sicher schon vor, dass wir eine Geschichte aufgenommen haben, weil wir sie per Zufall bei Twitter gesehen haben oder weil das Thema mehrfach aufgetaucht ist. So finden manchmal Geschichten den Weg zu uns, die es sonst nicht schaffen würden.»

Bei anderen Kanälen sei der Nutzen jedoch gering: «Die Diskussionen auf Facebook zum Beispiel lassen sich eigentlich nie für die Berichterstattung verwenden. Bei Instagram finde ich keine Bilder zu Ereignissen, die ich sonst nicht erhalte. Und der Aufwand, solche Quellen zu durchsuchen, lohnt sich nicht.»

Verifizieren wird wichtiger

Die hohe Geschwindigkeit hat für die Agentur Folgen, Verifizieren und Gewichten wird wichtiger, aber auch gutes Storytelling, sagt Jürg Rüttimann:

«Mit Social Media und insbesondere Twitter fällt ein Teil unserer traditionellen Aufgabe weg: Wir sind längst nicht mehr die einzigen, die schnell Nachrichten übermitteln können. Wenn ein Flugzeug abstürzt, ist immer jemand schneller auf Twitter oder Facebook. Der Leser benötigt aber nach wie vor jemanden, der ihm sagt, was er glauben kann und was nicht. Während Nachrichtenagenturen früher vor allem Fakten vermittelten, verschiebt sich ihre Aufgabe je länger je mehr hin zu Überprüfung, Gewichtung und Verarbeitung von Informationen.»

Verändert hat sich auch die Form der Berichterstattung: «Wir müssen viel stärker auf Storytelling achten, auf attraktive Aufmacher, ob etwas kurz oder lang sein muss, ob wir Geschichten ausbauen oder nicht. Grundsätzlich stellen wir fest, dass journalistische Fertigprodukte immer gefragter sind.»

Social Media beeinflussen die Themenwahl

Bemerkenswert: Ob ein Artikel auf den Social-Media-Kanälen ein Echo auslöst, wird auch für News-Agenturen zu einem Auswahlkriterium:

«Wir können dank Social Media direkter sehen, ob wir mit einem Artikel ein Thema getroffen habe, das die Leute bewegt. Insbesondere wenn ein Artikel von Usern geteilt wird, zeigt uns das, dass es dafür ein Interesse gibt. Manchmal werden wir auch überrascht: Vor einigen Wochen schaffte es ein eher technischer Artikel zu Crowdfunding beim Tages-Anzeiger in die Top 5 der meist geteilten Artikel. So erhalten wir ein direktes Feedback, das unsere Arbeit beeinflusst.»

Private Nutzung: Keine politischen Äusserungen

Die sda hat ein Verhaltenskodex aufgestellt, der das Redaktionsstatut ins Online-Zeitalter übersetzt.

«Wir posten im Namen der sda grundsätzlich nichts, weil wir ein B2B-Anbieter sind. Für die Redaktoren gilt: Der sda-Ticker kommt immer zuerst, die Headline darf nicht auf Twitter, bevor sie über unseren Ticker gegangen ist. Ansonsten haben die Redaktoren relativ freie Hand. Sie dürfen auf Social Media den Beruf mit der Privatperson verbinden – das lässt sich so oder so nicht strikt voneinander trennen. Mit zwei wichtigen Einschränkungen: Wir äussern uns nicht politisch zu Ereignissen und kritisieren als Privatpersonen auch keine Unternehmen öffentlich bei Social Media. Das wäre nicht professionell.»

«Es gibt einen Ausschaltknopf»

«Es ist eine Mischung aus professioneller Faszination und persönlichem Interesse. Privat erlaubt mir Facebook, über Grenzen hinweg niederschwellig zu kommunizieren. Ich bleibe auf dem Laufenden, was bei meinen Bekannten in anderen Ländern geschieht. Zugleich faszinieren mich diese Medien, weil ich sie gezielt nutzen kann. Es gibt überall einen Ausschaltknopf. Ich kann ganz bewusst entscheiden, wo ich mitmache und wo nicht.»

Steckbrief

Jürg Rüttimann, 37, Leiter Wirtschaftsredaktion Schweizerische Depeschenagentur sda

- Journalist seit 1999
- Bei der sda in heutiger Funktion seit 2010
- Nutzt Facebook seit 2007
- Twitter seit 2009

Barnaby Skinner

DATENJOURNALIST, SONNTAGSZEITUNG UND TAGES-ANZEIGER

Dank Social Media recherchiere er effizienter, sagt Barnaby Skinner, Datenjournalist bei der SonntagsZeitung und dem Tages-Anzeiger. Er nutzt spezialisierte Communities, um an Experten und Meinungen zu gelangen.

Die einzelnen Arbeitsschritte hätten sich durch Social Media nicht so sehr verändert – aber beschleunigt, sagt Barnaby Skinner, langjähriger Digitalredaktor bei der SonntagsZeitung und heute Datenjournalist. Er finde schneller zu Fachleuten als früher: «Die Distanz zu den Experten ist kürzer geworden. Ich melde mich bei einer Community an und stelle Fragen. Danach könnte ich oft ein Buch schreiben über ein Thema, so viel Echo gibt es. Wenn man die richtigen Communities findet, gibt es unzählige Experten, die bereit sind, ihr Wissen zu teilen.»

Zudem sei die Auswahl an Themen grösser geworden. «Ich bekomme sehr viel mehr mit», sagt er. Die ergiebigste Quelle sei Twitter, aber auch Facebook, Google+, LinkedIn führten zu Themen. «Die Auswahl an relevanten Geschichten ist viel grösser geworden, das Filtern wichtiger.»

Eine neue Leserschaft

Mit seinen Texten erreiche er via Social Media eine andere, neue Leserschaft. «Ich teile Artikel vor allem via Twitter. Meine Follower sind selten dieselben, die auch die Zeitung lesen – das ist zumindest mein Gefühl. Die Mehrheit, die wir über Social Media erreichen, erreichten wir vorher nicht.»

Lose Guidelines

Es gebe auf der Redaktion lose Social Media Guidelines, sagt Skinner, «Ich habe sie aber nicht präsent». Vorschriften, ob und von wem Social Media genutzt werden sollen, gebe es nicht. «Social Media sind für mich ein Werkzeug wie E-Mail. Ich bin überzeugt: wer sie nutzt, ist ein besserer Journalist.»

Steckbrief

Barnaby Skinner, 40, Datenjournalist, SonntagsZeitung und Tages-Anzeiger.

- Als Journalist tätig seit 2000
- Bei der SonntagsZeitung seit 2006
- Nutzt Facebook seit 2007
- Twitter seit 2007

Martin Sturzenegger

STV. LEITER NEWS, NEWSNET

Das Newsnet von Tamedia ist eine grosse Drehscheibe für journalistische Informationen aller Art. Martin Sturzenegger ist Redaktor für das Ressort Zürich beim Tages-Anzeiger. Bis Ende September hatte er die stellvertretende Leitung News bei Newsnet inne. Er erklärt, weshalb man in dieser Position nicht an Social Media vorbeikommt, und welche Gefahren mit diesen neuen Informationsquellen verbunden sind.

Für Martin Sturzenegger sind Social Media unverzichtbar geworden für die journalistische Arbeit. «Die Agenturen verlieren ihr Monopol bei den Breaking News.» Deshalb sichten die Newsdesk-Journalisten ständig die Social-Media-Kanäle – allen voran Twitter – und verarbeiten sie praktisch in Echtzeit. Allerdings müssen auch diese Inhalte erst verifiziert werden. Gerade für Inhalte aus Social Media sei dies enorm wichtig. Sturzenegger: «Auch Social-Media-Inhalte aus vermeintlich verlässlichen Quellen können jederzeit missbraucht oder gehackt werden.»

Geschwindigkeit und Hintergrund

Auch wer News aus dem Social Web gewissentlich überprüft, kann damit noch schneller sein als die Agenturen oder die Konkurrenz. Darin liegt für Sturzenegger der grosse Nutzen von Social Media. Allerdings nicht nur: «Social Media sind Lieferanten von Fakten und Gerüchten, so wie früher der Marktplatz oder die Beiz. Die Öffentlichkeit hat sich in diesen virtuellen Raum verlagert. Twitter, Facebook und andere bieten sich zudem auch als wichtige Recherchetools an.» So findet Sturzenegger auf diesen Seiten nützliche Hintergrundinfos über relevante Personen, er sieht, wer mit wem verbunden ist, und er kommt an die Kontaktdaten von Informanten. Daraus entstehen nicht nur die Breaking-News-Geschichten; Social Media sind gleichzeitig auch Ausgangspunkt für Recherchegeschichten, oder ergänzen diese mit Hintergrund und Perspektive.

Privates und Berufliches verschmelzen

Social Media sind für Sturzenegger auch Plattformen, auf denen er selbst neue Leser erreichen kann. Vor allem Jüngere, die nicht zum Tages-Anzeiger-Stammpublikum gehörten. Zudem gebe der Austausch via Social Media auch Hinweise auf das Leserinteresse. Besonders viel Resonanz bringen eigene Standpunkte, die oft zu angeregten Diskussionen führen. Dabei lässt sich die geforderte Trennung von Journalist und Privatperson nicht mehr so genau durchsetzen, auch wenn das Unternehmen vorgibt, private Ansichten auch privat zu äussern. Sturzenegger ist überzeugt, dass man heute nicht mehr an Social Media vorbeikommt. «Social Media hat die öffentliche Wahrnehmung wesentlich verändert. Aufgrund ihrer Wirkungskraft ist ein sorgfältiger und gekonnter Umgang damit äusserst wichtig. Sie zu ignorieren, erscheint je länger je mehr unmöglich.»

Steckbrief

Martin Sturzenegger, 32, Ressort Zürich beim Tages-Anzeiger, stellvertretender Leiter Ressort News bei Newsnet (bis Ende September 2014)

- Journalist seit 2009
- Beim Tages-Anzeiger seit 2012
- Nutzt Facebook seit 2007

Yvonne Zurbrügg

CHEFREDAKTORIN, WOMEN IN BUSINESS

Die sozialen Medien – Zeitverschwender, Multiplikator oder Lieferant für News? Yvonne Zurbrügg, Chefredaktorin des Magazins «Women in Business», dem Schweizer Wirtschaftsmagazin für die Frau, schätzt Social Media für sich und das Magazin. Genutzt werden die Kanäle aber gezielt und auf Ressourcen und Publikum zugeschnitten.

Die Sozialen Medien als Arbeitswerkzeug kennt Yvonne Zurbrügg schon von ihrer Tätigkeit als stellvertretende Unterhaltungschefin bei der Schweizer Illustrierten: «Twitter ist wahnsinnig spannend. Gerade Prominente aus Show und Sport twittern heute, was sie früher in einer Pressekonferenz verraten hätten». Die Funktion des Newslieferanten Twitter hat sich nun für sie geändert. «Für Women in Business folge ich Frauen, die eine starke Meinung haben und dafür stehen». Twitter wird so mehr zum Kontakt- und Ideenpool. Denn, so Yvonne Zurbrügg weiter, «daraus entstehen noch keine Geschichten».

Recherche für Meinungsführer

Beim Magazin sei es schwieriger, auf Social-Media-Strömungen einzugehen. Das Magazin erscheint zehnmal im Jahr, die Geschichten müssen mindestens einen Monat lang aktuell bleiben. Ergänzend gibt es acht Mal im Jahr den «Women's Talk» – ein Podium mit Expertengesprächen zu Wirtschaftsthemen für rund 100 Leserinnen. Hier dienen die sozialen Netzwerke als Recherchemittel: «Ich schaue, wer sich zum Thema bereits einen Namen gemacht hat – für mich ist das Expertensuche, Qualitätskontrolle und Kontaktmöglichkeit in einem. Und: Diese Leute scheuen die Öffentlichkeit nicht». Zudem sind die Meinungsführer Multiplikatoren, die die Veranstaltung weiter streuen. Für die Vernetzung kam 2014 eine LinkedIn-Gruppe dazu, «weil wir merkten, dass auf LinkedIn viele Talk-Gäste bereits untereinander gut vernetzt sind. Viele kommen nicht nur wegen dem Talk, sondern weil sie wissen, wer sonst kommt». Seit der Übernahme der Chefredaktion entwickelt sich der Auftritt laufend weiter, seit September auch auf Twitter. «Als ich das Heft übernahm, hatten wir eine Typo3-Website und sehr wenig bis null Interaktion via Facebook. Die heutigen knapp 1500 Fans bekommen immer wieder Einblick in die Themen, die sie im nächsten Heft erwarten.»

Der neue Leserbrief

Das Ziel des Engagements ist die Interaktion mit den Leserinnen und potentiellen Leserinnen. Facebook und insbesondere die eigene Webseite, die seit September auf WordPress basiert, seien gute Feedbacktools. Mit den Kommentaren «wissen wir, was gefällt und was nicht». Bei Facebook sind diese öffentlich, bei der Webseite werden die Kommentare zuerst geprüft. «Oft erhalten wir via Webseite Feedback und Wünsche». Mit der neuen Webseite ist alles moderner und einfacher lesbar. Facebook lasse sich besser integrieren. «Teaser zu den Artikeln funktionieren viel besser, auch Kolumnen und Lifestyle-Geschichten gehen online gut». Weniger geeignet seien längere Reportagen: «Wir haben Texte, die sind locker 7'000 oder 20'000 Zeichen lang, die eignen sich schlecht. Das liest schlicht keiner.» Auch schwierig ist die Streuung.

Die Frage mit der Exklusivität

«Die Frage für uns ist: Teasern wir nur an oder geben wir den ganzen Artikel preis? Es ärgert mich, wenn ich online 3'500 Zeichen lese und dann heisst es plötzlich ganz unvermittelt: Lesen Sie die ganze Reportage im Magazin.» Für Yvonne Zurbrügg macht diese Herausforderung den Umgang mit Social Media spannend. Hinzu kommt die Finanzierung. Die Redaktion besteht aus zwei Personen, dazu kommt ein Pool von zehn bis fünfzehn Autorinnen. «Ich habe nicht das Budget für zusätzliche Online-Geschichten». Exklusiv ist auch der private Twitter-Account von Yvonne Zurbrügg nicht: «Privat ist ja sowieso nie privat. Im Gegensatz zu Facebook bin ich auf Twitter praktisch nur Konsumentin oder Beobachterin. Das Fieber, meine Gedanken ins Weltall rauszujagen, hat mich nie wirklich gepackt». Bei Facebook ist sie mit vielen ehemaligen Berufskollegen mit gleichen Interessen vernetzt. So wird der private Account zum Perlentaucher: «Ich entdecke Sachen, die ich sonst nie gesehen hätte». Essentiell seien für sie die Vernetzung Xing und LinkedIn. Beispielhaft kam die Anfrage für ihre jetzige Stelle via Xing.

Magazin bleibt Magazin

Der Einfluss auf das Recherchieren und Publizieren von Artikeln sei nicht gross. «Die von uns porträtierten Frauen befinden sich oft im C-Level-Bereich und haben oder nehmen sich nicht die Zeit, noch einen Social-Media-Kanal zu füttern». Viel wichtiger seien die Kanäle wie SMD, Radio und TV. «Das Video-Portal des SRF finde ich grandios. So finde ich auch für den Women's Talk heraus, wie jemand auftritt». Auch das persönliche Gespräch ist und bleibt wichtig für Yvonne Zurbrügg. «Social Media ist ergänzend. Was sich geändert hat: Meine jüngste Tante sieht, was ich poste, und so weiss es auch schon bald meine Mama».

Selber machen heisst Zeit gewinnen

Die Kanäle werden alle vom Zweierteam der Redaktion gepflegt. Bei der Webseite half zuerst ein Webmaster, nun betreuen sie auch diese selbst. «Das briefen ging fast länger, als es im Team zu machen. Ich möchte nichts, was wir nicht selbst bedienen können». Zu zweit ist das Team erst seit Dezember. Regelungen gibt es daher keine, «nur die, die ich für mich gemacht habe: Dass ich einen Post sieben Mal lese bevor ich ihn rauslasse». Und erzählt dazu ein Geschichte:«In der Hast habe ich mal einen Post gemacht auf Facebook und Blondinen mit ie geschrieben. Und das ist ja in meinem Beruf unsäglich peinlich. Also keine Schnellschüsse». Zeit ist daher umso wichtiger. «Manchmal ärgere ich mich, dass man soviel Zeit damit verbringt. Als Journalistin habe ich diese Wahnsinns-Krankheit, immer über alles Bescheid wissen zu wollen».

Steckbrief

Yvonne Zurbrügg, Chefredaktorin, Women in Business

- Journalistin seit 2004
- Bei Women in Business seit Juli 2014
- Nutzt Facebook seit 2008 und Twitter seit 2009 eher als Beobachterin
- Aktiv auf Xing und LinkedIn

Jan Vontobel

STELLVERTRETENDER CHEFREDAKTOR, RADIO 1

Radio 1 richtet sich an ein erwachsenes Publikum und ist deshalb bezüglich Social Media eher zurückhaltend, meint Jan Vontobel, Stv. Chefredaktor. Im Gespräch über den redaktionellen Alltag und die Rolle von Social Media stellt er aber fest: «Wir brauchen es eigentlich mehr, als ich eigentlich erwartet hätte.»

«Vor einiger Zeit gabs ein Zugunglück in der Region Schaffhausen. Wir fanden dann auf Twitter und Facebook Leute, die im Zug drin waren. Diese Leute konnten wir so kontaktieren und mit ihnen nachher ein Interview führen, bevor sie da rauskamen. Die konnten sich ja nicht frei bewegen, weil da Stromleitungen herunterhingen.» So eröffnen Social Media in den Augen von Jan Vontobel neue Möglichkeiten.

Er glaubt jedoch nicht, dass Social Media die journalistische Tätigkeit grundlegend verändert hat. «Es ist einfach eine Quelle mehr dazugekommen, die man durchforsten kann. Vielleicht google ich einmal weniger und suche dafür eher auf Twitter. Aber grundsätzlich verändert hat sich nichts.» Einen Grund sieht Vontobel dabei in der Ambivalenz der Social Media: «Es ist ein zweischneidiges Schwert. Einerseits ist es gut, um ab und zu Direktbetroffene zu finden. Auch wenn ein grosser Bericht herauskommt, hat man Kommentare von Politikern, die sagen ‚Auf Seite 47 steht das und das', das hilft. Allerdings muss man sehr vorsichtig sein, dass es nicht irgendwelche Leute sind, die da publizieren. Das ersetzt keine andere Quelle, man muss es dann trotzdem nachrecherchieren.»

Twitter nutzt er vor allem als Möglichkeit, um von einem weiteren Kanal Ideen für Geschichten zu erhalten, allerdings wenig systematisch. «Man hat Twitter offen, und da gibt es manchmal Inputs daraus. Wenn ich zudem vor der Redaktionssitzung etwas Zeit habe, gehe ich ein bisschen auf Twitter schauen, um zu sehen, was da so los ist. Im Normalfall dort, wo wir sowieso schon Follower sind. Ich klicke dann auf irgendwas drauf, das von jemand anderem geschrieben worden ist, und komme so eventuell auf eine Story.» Für Facebook gilt, das diensthabende Moderatorinnen und Moderatoren wissen sollten, was auf der Radio1-Facebook-Seite aktuell läuft.

Vontobel stellt allerdings auch fest, dass Social Media von öffentlichen Akteuren immer mehr gezielt verwendet werden: «Inzwischen hat ja jedes Komitee einen Facebook-Auftritt.» Daneben sind es in den Augen von Vontobel oft auch Politiker, Sportler bzw. Sportclubs, und andere Akteure des öffentlichen Lebens, die Social Media aktiv für ihre Kommunikation nutzen. «Es ist ja häufig so, dass die gleichzeitig auf Twitter Infos verbreiten wie sonstwo. Zum Beispiel Raphael Nadal, der die US Open absagt via Twitter und Facebook.»

Podcast ist wichtigste Plattform für Radios

Für Radiosender sieht Vontobel das grösste Potenzial in Podcasts. «Wir setzen sehr stark auf Podcast, das kann man auch zu Social Media zählen. Wir bieten das einerseits auf der Website an, andererseits auf iTunes, wo man es abonnieren kann. Dort haben wir auch sehr hohe Zahlen an Follower oder Abonnenten, v.a. für Sendungen wie

RogerGegenRoger. Als weitere Plattformen erwähnt Vontobel Indymedia, «wobei das nicht mehr klassische Social Media ist», wie er ergänzt. Instagram wird allenfalls dann verwendet, wenn es in Richtung Unterhaltung geht. In der klassischen redaktionellen Arbeit aber spielt es keine Rolle. Twitter und Facebook sind da, wenn überhaupt, die wichtigsten Plattformen.

Lieber auf der eigenen Website

Vontobel sieht zwar die Potenziale für die Kommunikation mit dem Publikum via Social Media, er meint aber auch: «Wir haben unsere Hörer lieber auf unserer eigenen Website, als dass wir sie auf Facebook verweisen.» Deshalb setzt Radio 1 Facebook kaum für den Austausch mit den Hörern ein. Dasselbe gilt auch für das Anteasern via Facebook: «Radio 1 hat zwar einen Facebook-Account, die Morgenshow sogar einen separaten. Aber wir nutzen stärker unsere eigene Webseite für Ankündigungen, als dass wir Facebook nutzen.» Eine Ausnahme ist, wenn ein Medienpartner oder ein Werbekunde ausdrücklich eine Facebook-Einbindung wünscht. Aber Vontobel sieht diese Kommunikation grundsätzlich eher skeptisch: «Man schliesst mit Facebook auch immer diejenigen Hörer aus, die keinen Account dort haben.» Zudem ist nicht jeder Radio-Hörer auch gleichzeitig online: «Wir machen primär Radio.»

Steckbrief

Jan Vontobel, 36, Stv. Chefredaktor, Radio 1

- Journalist seit 1999
- Bei Radio 1 seit anfangs 2014
- Seit 2010 auf Twitter und Facebook
- Facebook nur passiv
- Nie eine Weiterbildung für Social Media besucht, Google und Co. haben bei Fragen geholfen

Danke

Mit dieser Studie veröffentlichen Bernet_PR und zhaw/IAM zum neunten Mal das Ergebnis einer gemeinsamen Untersuchung.

Den Erkenntnisgewinn verdanken wir als Herausgeber in erster Linie den Medienschaffenden.Ihre Portraits erschienen studienbegleitend auch im bernetblog.ch.

Einen grossen Dank für die vielen Interviews geht an diese engagierten Mitglieder aus dem Bernet_PR-Team: Martina Bürge, Martina Hirschi, Laetitia Hardegger, Louise Kaben und Michael Walther.

Für die Erarbeitung dieser Publikation danken wir weiter Andreas Von Gunten für die verlegerische Begleitung und Gerda Müller für die Unterstützung bei der Umschlagsgestaltung.

Wir freuen uns schon jetzt auf das Weiterforschen an Themen rund um Journalismus, Kommunikation und Online PR.

Irène Messerli und Dominik Allemann, Bernet_PR
Guido Keel, Institut für Angewandte Medienwissenschaften/ZHAW

Urheberrechte und Nutzungsbedingungen